Chinese Proficiency Grading Standards for
International Chinese Language Education

国际中文教育中文水平等级标准

词汇速记速练手册

Quick Vocabulary Handbook

周毕吉 朱 力 编著

四级
Level 4

北京语言大学出版社
BEIJING LANGUAGE AND CULTURE
UNIVERSITY PRESS

© 2023 北京语言大学出版社，社图号 23034

图书在版编目（CIP）数据

国际中文教育中文水平等级标准．词汇速记速练手册：四级／周毕吉，朱力编著．－－北京：北京语言大学出版社，2023.5（2024.9重印）
ISBN 978-7-5619-6258-9

Ⅰ.①国… Ⅱ.①周… ②朱… Ⅲ.①汉语－词汇－对外汉语教学－课程标准 Ⅳ.① H195.3

中国国家版本馆 CIP 数据核字（2023）第 067882 号

国际中文教育中文水平等级标准·词汇速记速练手册（四级）
GUOJI ZHONGWEN JIAOYU ZHONGWEN SHUIPING DENGJI BIAOZHUN·
CIHUI SU JI SU LIAN SHOUCE (SI JI)

排版制作：	北京光大印艺文化发展有限公司
责任印制：	周　燚

出版发行：	北京语言大学出版社
社　　址：	北京市海淀区学院路 15 号，100083
网　　址：	www.blcup.com
电子信箱：	service@blcup.com
电　话：	编 辑 部　8610-82303647/3592/3724
	国内发行　8610-82303650/3591/3648
	海外发行　8610-82303365/3080/3668
	北语书店　8610-82303653
	网购咨询　8610-82303908
印　　刷：	北京富资园科技发展有限公司

版　次：	2023 年 5 月第 1 版	**印　次：**	2024 年 9 月第 2 次印刷
开　本：	787 毫米 × 1092 毫米 1/16	**印　张：**	14.25
字　数：	194 千字		
定　价：	65.00 元		

PRINTED IN CHINA

凡有印装质量问题，本社负责调换。QQ：1367565611，电话：010-82303590

编写说明

《国际中文教育中文水平等级标准·词汇速记速练手册》（以下简称《词汇速记速练手册》）依据教育部和国家语委联合发布的《国际中文教育中文水平等级标准》（GF 0025—2021）（以下简称《标准》）的"词汇表"进行编写，是面向中文学习者的实用型词汇学习用书。

《词汇速记速练手册》依照《标准》"三等九级"的划分情况，共八个分册（高等为上下两册），分别收录初等一级 500 词、二级 772 词、三级 973 词、中等四级 1000 词、五级 1071 词、六级 1140 词，高等七—九级 5636 词。初等及中等分册内部以 20 个词语为一单元，高等分册内部以 60 个词语为一单元，力求将词汇学习化整为零，充分利用学习者的碎片化时间，提高词汇学习的效率，学习者可以每天完成一单元词语的学练。《词汇速记速练手册》按音序编排词语，分别从读音、词性、释义、用法四个维度对词语进行说明和展示。

《词汇速记速练手册》既可以作为学习者的 HSK 备考用书，也可以作为学习者自主学习中文词汇的学习用书。搭配中的短语、例句尽量从多角度展示词语的各种常见用法，以便学习者能够通过短语、例句的学习切实掌握词语用法。《词汇速记速练手册》初等——三级词语的短语、例句用词以不超出该等级"词汇表"的范围为原则，中等四—六级词语的短语、例句的用词以不超出该单元之前"词汇表"的范围为原则，目的是让学习者通过对《词汇速记速练手册》的学习逐步扩大词汇量，便于学习者自主学习，降低词汇学习难度。为了兼顾短语、例句的丰富性与实用性，部分短语和例句中出现了"超纲词语"，对于这种情况，我们对"超纲词语"加注拼音与英文释义，以帮助学习者理解。

《词汇速记速练手册》初等及中等分册的内部体例分为"目标词语""速记""速练"三部分，高等分册的内部体例分为"速记""重点词语""速练"三部分。

"目标词语"给出本单元需要记忆与掌握的词语，让学习者先有一个整体印象和词语学习目标。"速记"给出词语的拼音、词性、英文释义、搭配。其中，搭配中的目标词语以下画线形式进行标示，短语、例句的选择与编写力求做到典型常用，强调词语在实际语境中的运用，并严格控制"超纲词语"的数量与难度。"速练"对所学词语进行强化练习，初等及中等分册的"速练"部分分三个题型：注音与释义连线题侧重对所学词语语音及语义理解的操练，选词填空题侧重对所学词语意义及用法的考查，完形填空题侧重对易混淆词语的区分。不同的题型各有侧重，互为补充。

《词汇速记速练手册》高等分册取消了"目标词语"板块，每单元 60 个词语分为三个部分，每单元、每部分均配有形式多样的练习。在高等词汇学习阶段，考虑到学习者对部分词语深入了解及词语辨析的需要，增设"重点词语"板块，对较难理解、用法复杂的词语进行进一步说明。高等分册的"速练"部分取消了完形填空题，改为"为词语选择合适的位置"题，从句法的角度考查学生对词语的掌握情况。

词汇是国际中文教育的重点教学内容，这一点已成为业界共识，但词汇系统个性大于共性的特点也决定了词汇教学一直是国际中文教育中的薄弱环节。如何提高词汇学习效率，如何快速扩大学习者词汇量，这些问题编者一直在思考。《词汇速记速练手册》就是编者从教学实际出发，帮助中文学习者自主学习中文词汇的一种积极尝试。书中存在的不足，恳请广大使用者批评指正。

编者
2022 年 7 月

Introduction

Chinese Proficiency Grading Standards for International Chinese Language Education: Quick Vocabulary Handbook (hereinafter referred to as *Quick Vocabulary Handbook*), compiled in accordance with the "Vocabulary List" in *Chinese Proficiency Grading Standards for International Chinese Language Education* (GF 0025–2021) (hereinafter referred to as *The Standards*) co-released by China's Ministry of Education and State Language Commission, is a practical vocabulary book for Chinese language learners.

Based on the division of three stages and nine levels (elementary stage: Levels 1–3; intermediate stage: Levels 4–6; advanced stage: Levels 7–9) in *The Standards*, the *Quick Vocabulary Handbook* is composed of eight volumes (the advanced stage has two volumes), respectively including 500 words of Level 1, 772 words of Level 2, 973 words of Level 3, 1,000 words of Level 4, 1,071 words of Level 5, 1,140 words of Level 6 and 5,636 words of Levels 7–9. Each unit in the elementary and intermediate volumes has 20 words, while each unit in the advanced volume has 60 words, aiming to break up vocabulary learning into bits and pieces, so that learners' fragments of time can be made use of and their learning efficiency can be improved. Learners can finish learning and practicing one unit a day. The words in the Quick Vocabulary Handbook are arranged in alphabetic order and are explained and demonstrated from four aspects—Pinyin, word class, definition and usage.

The *Quick Vocabulary Handbook* can be used not only as a HSK preparation book, but also as a Chinese vocabulary study guide for self-directed learners. The collocations are phrases and example sentences that illustrate common usages of the words from various perspectives to help learners master these usages. For the phrases and sentences of the elementary words of Levels 1–3, the principle is that they should not use words that exceed the scope of the "Vocabulary List" of the corresponding level; for the intermediate stage of Levels 4–6, the words of the phrases and example sentences should not exceed the scope of the "Vocabulary List" before the current unit. The purpose is to help learners expand their vocabulary step by step by using the *Quick Vocabulary Handbook*, facilitate autonomous learning, and reduce the difficulty. With diversity and practicality taken into account, certain phrases and example sentences include words beyond the scope, which are provided with Pinyin and English definition to help learners understand them.

Each elementary or intermediate volume consists of three sections: "Target words", "Quick memory", and "Quick practice". Each advanced volume consists of three sections: "Quick memory", "Focus words" and "Quick practice".

"Target words" lists the words to be memorized and mastered in the current unit to give learners a whole picture and clear target. "Quick memory" offers the Pinyin, word class(es),

English definition(s), and collocations of each target word. The target words are underlined in the collocations, and the phrases and example sentences selected and written are typical and frequently used. How the words are used in real situations is emphasized and the number and difficulty of the words beyond the scope are strictly controlled. "Quick practice", an intensive practice of the words learned, includes three types of exercises in the elementary and intermediate volumes. The pronunciation/definition matching exercise emphasizes the understanding of the pronunciations and definitions of the words learned, the multiple-choice exercise stresses the practice of the meanings and usages of the words learned, and the cloze exercise focuses on the differentiation between confusable words. These types of questions differ in stress and complement each other.

The "Target words" section is removed from the advanced volume, in which each unit includes 60 words that are divided into three parts. Each part is provided with various forms of exercises. At the stage of advanced vocabulary learning, learners need to understand certain words deeper and to differentiate certain words. In light of that, a new section—"Focus words"—is added to provide further explanation of the words that are difficult to understand and complicated in usage. "Quick practice" in the advanced volume doesn't have the cloze exercise, but the word-filling exercise to test learners' mastery of words from syntax perspective.

It is generally agreed within the field that vocabulary is a focus of international Chinese education, but the fact that vocabulary systems have more differences than commonalities makes vocabulary teaching a weak link in international Chinese education. I've been constantly looking for ways to improve learners' vocabulary learning efficiency and to expand their vocabulary faster. The Quick Vocabulary Handbook, based on the reality of teaching, is one of my positive attempts to help Chinese language learners learn Chinese vocabulary independently. Any comments or suggestions you may have on this book would be highly appreciated.

The Author
July 2022

目 录

第 1 单元（阿姨—包含）..1
第 2 单元（包括—避免）..5
第 3 单元（编—材料）..9
第 4 单元（财产—潮流）..13
第 5 单元（潮湿—充电）..17
第 6 单元（充电器—纯净水）..21
第 7 单元（词汇—打针）..25
第 8 单元（大巴—担心）..29
第 9 单元（单—底）..34
第 10 单元（地方—独自）..39
第 11 单元（堵—发票）..44
第 12 单元（发烧—分手）..48
第 13 单元（分为—改正）..53
第 14 单元（盖—构成）..58
第 15 单元（构造—果实）..63
第 16 单元（过分—红包）..68
第 17 单元（后头—火）..72
第 18 单元（伙—集合）..76
第 19 单元（记载—减少）..80
第 20 单元（简历—街道）..84
第 21 单元（节省—居民）..89
第 22 单元（居住—空间）..93
第 23 单元（空—老家）..97
第 24 单元（老婆—疗养）..101
第 25 单元（了不起—落）..105
第 26 单元（毛巾—描述）..109
第 27 单元（描写—能干）..113

I

第 28 单元（宁静—平静） ... 117
第 29 单元（平均—巧克力） ... 121
第 30 单元（切—热闹） ... 125
第 31 单元（热心—赏） ... 129
第 32 单元（上个月—湿） ... 133
第 33 单元（实施—首） ... 137
第 34 单元（受不了—说服） ... 141
第 35 单元（思考—特征） ... 145
第 36 单元（提供—同情） ... 149
第 37 单元（童话—外交官） ... 153
第 38 单元（外套—喂） ... 157
第 39 单元（稳—系列） ... 161
第 40 单元（系统—箱子） ... 165
第 41 单元（想念—形势） ... 169
第 42 单元（型—呀） ... 173
第 43 单元（延长—要） ... 177
第 44 单元（业余—议论） ... 181
第 45 单元（引—幼儿园） ... 185
第 46 单元（于是—运气） ... 189
第 47 单元（运用—针） ... 193
第 48 单元（针对—智能） ... 197
第 49 单元（中介—转移） ... 201
第 50 单元（装修—做梦） ... 205
语法术语缩略形式一览表 ... 209
四级词汇检索表 ... 210

第 1 单元　Unit 1

◎ **目标词语**　Target words

1. 阿姨	2. 啊	3. 矮	4. 矮小	5. 爱国
6. 爱护	7. 安	8. 安置	9. 按时	10. 暗
11. 暗示	12. 巴士	13. 百货	14. 摆	15. 摆动
16. 摆脱	17. 败	18. 办事	19. 包裹	20. 包含

◎ **速记**　Quick memory

1　**阿姨**　āyí　*n.*　aunt

王<u>阿姨</u>明年就要退休了。
那位年轻的<u>阿姨</u>帮助老奶奶买了火车票。

2　**啊**　ā　*int.*　(*showing astonishment*) ah; (*showing admiration*) oh

<u>啊</u>，我考过了！
<u>啊</u>，这儿的景色真美！

3　**矮**　ǎi　*adj.*　(of stature) short; (in height) low; (in rank/status) lower (than)

个子<u>矮</u>；<u>矮</u>墙；<u>矮</u>一级
弟弟的个子比哥哥<u>矮</u>一点儿。
这道墙很<u>矮</u>，我能跳过去。
他比我晚两年进的公司，所以现在比我<u>矮</u>一级。

4　**矮小**　ǎixiǎo　*adj.*　short and small; low and small

他虽然个子<u>矮小</u>，但是跑起来像风一样快。
这座<u>矮小</u>的房子就是她出生的地方。

5　**爱国**　ài//guó　love one's country, be patriotic

他的<u>爱国</u>行为感动了所有人。
这些<u>爱国</u>青年是国家的希望。

6　**爱护**　àihù　*v.*　cherish, take good care of

<u>爱护</u>身体；<u>爱护</u>眼睛；<u>爱护</u>生命
每个人都应该<u>爱护</u>公物。
王老师非常<u>爱护</u>自己的学生。

7　**安**　ān

（1）*v.*　install; harbor (an intention)
我家里没有<u>安</u>电话。
你为什么这样做？你这是<u>安</u>的什么心？

（2）*adj.* peaceful, relieved; safe
如果不提前做好准备的话，我的心总是不安。
吃了这种药以后，病人已经转危为安了。

8 安置 ānzhì *v.* arrange (for), (help) settle down

安置行李；安置客人
客人的行李我们都已经安置好了。
这些新来的同学由办公室负责安置。

9 按时 ànshí *adv.* on time, on schedule

按时上课；按时起床；按时睡觉；按时吃饭；按时到达
因为下大雨，飞机没有按时起飞。
我们都按时完成了老板安排的任务。

10 暗 àn *adj.* dark, dim; dull

把灯打开吧，房间里太暗了。
这件衣服的颜色太暗了，不太好看。

11 暗示 ànshì *v.* hint

他轻轻点了点头，暗示我事情办成了。
她没有直说，但是话里已经暗示她有男朋友了。

12 巴士 bāshì *n.* bus

一辆巴士；坐巴士
我是坐巴士去的机场。
等他们到车站的时候，巴士已经开走了。

13 百货 bǎihuò *n.* general merchandise

你们家旁边有百货商场吗？
他姐姐在美联百货公司工作。
这家商场主要经营服装、玩具和日用百货。

14 摆 bǎi *v.* set, place; wave

请同学们把教室里的桌椅摆整齐。
房间里摆着一张床、一张桌子和两把椅子。
他什么话都没说，只向我摆了摆手。

15 摆动 bǎidòng *v.* swing, sway

墙上挂着的那个钟早已停止了摆动。
那棵（kē, *a measure word for plants*）小树在大风中左右摆动。

16 摆脱 bǎituō *v.* get rid of

摆脱麻烦；摆脱危险；摆脱影响
作为医生，我当然想帮我的病人摆脱病痛。
那个坏人一直跟着她，她想了很多办法，最后终于摆脱了他。

17 败　　bài　　v.　　be defeated

三班以二比四败给了二班。
他们已经非常努力了，但最后还是败了。

18 办事　　bàn//shì　　handle (affairs), work, do

老王是一个办事认真的人。
他一上午也没办几件事。
这位领导在这儿工作时为老百姓办了不少好事。

19 包裹　　bāoguǒ

（1）n.　　package
我还没有收到你寄来的包裹。
楼下的小商店就可以寄（jì, send by post）包裹，非常方便。
（2）v.　　wrap up
他用衣服把孩子包裹得紧紧的。

20 包含　　bāohán　　v.　　contain, include

李老师的话包含三层意思。
这些费用是不包含服务费的。

◎ 速练　Quick practice

一、先根据词语写拼音，再将词语和正确的英文释义连起来
Write Pinyin according to the words, and then match the words with the correct English definitions.

1. 矮小 ＿＿＿＿＿＿　　A. cherish, take good care of

2. 爱护 ＿＿＿＿＿＿　　B. get rid of

3. 包含 ＿＿＿＿＿＿　　C. contain, include

4. 摆脱 ＿＿＿＿＿＿　　D. swing, sway

5. 暗示 ＿＿＿＿＿＿　　E. arrange (for), (help) settle down

6. 安置 ＿＿＿＿＿＿　　F. hint

7. 摆动 ＿＿＿＿＿＿　　G. on time, on schedule

8. 按时 ＿＿＿＿＿＿　　H. short and small; low and small

二、选择合适的词语填空　Choose the right words and fill in the blanks.

（一）　　A. 摆动　　B. 包裹　　C. 爱护　　D. 摆脱　　E. 爱国

1. 只要是人才，都会受到重视，受到＿＿＿＿。

2. 我们现在还没有＿＿＿＿危险，要小心。

3. 我们都被他的＿＿＿＿精神深深感动了。

4. 我是今天早上收到这个 ____ 的。

5. 她长长的头发在风中轻轻 ____。

（二）   A.矮小   B.办事   C.阿姨   D.包含   E.败

1. 人多好 ____。

2. 王 ____ 比我妈妈大十岁。

3. 他们全家六口人就住在这样一间 ____ 的房子里。

4. 这场比赛咱们只能胜，不能 ____。

5. 爸爸的话里 ____ 着对我的信任。

（三）   A.矮   B.安   C.暗   D.摆   E.百货

1. 他的桌子上 ____ 着一些书和照片。

2. 女儿最喜欢听七个小 ____ 人的故事。

3. 太阳下山了，天色慢慢 ____ 了下来。

4. 每个周末，妈妈都会去 ____ 商店买东西。

5. 我家新 ____ 了一台大电视。

（四）   A.啊   B.安置   C.按时   D.巴士   E.暗示

1. 王叔叔每天坐 ____ 去上班。

2. 经理，这些新来的大学生 ____ 在哪个部门？

3. ____，他是一位多么伟大的父亲啊！

4. 公司会在每个月的第一天 ____ 给我们发工资。

5. 真是拿他没办法，我向他 ____ 了几次都没用。

三、选择合适的词语完成句子　Choose the right words to complete the sentences.

1. ____，是小明吗？

    A.啊   B.喂   C.呢   D.吧

2. 十年过去了，门前的那棵 ____ 树已经长大了。

    A.矮   B.矮小   C.低   D.短

3. 他们把刚到的几名学生 ____ 在学校旁边的酒店里了。

    A.安   B.放到   C.安置   D.安装

4. 你在学习方面有任何问题，可以 ____ 来问我。

    A.按时   B.当时   C.平时   D.随时

5. 我们应该从小就教育自己的孩子 ____ 公物。

    A.爱护   B.保护   C.热爱   D.保证

第 2 单元　Unit 2

◎ **目标词语**　Target words

21. 包括	22. 薄	23. 宝	24. 宝宝	25. 宝贝
26. 宝贵	27. 宝石	28. 保密	29. 保守	30. 抱
31. 背景	32. 倍	33. 被迫	34. 本科	35. 笨
36. 比分	37. 毕业	38. 毕业生	39. 避	40. 避免

◎ **速记**　Quick memory

21　**包括**　bāokuò　*v.*　include, consist of

每一课都<u>包括</u>三个部分，分别是生词、课文和练习。
这次活动<u>包括</u>刘经理在内（zàinèi, be included），一共有六个人参加。
学校为录用的人才提供了很好的生活条件，<u>包括</u>一辆小汽车和一套房子。

22　**薄**　báo　*adj.*　thin

她穿得太<u>薄</u>了，会感冒的。
早上出门的时候，我发现地上有一层<u>薄薄</u>的雪。

23　**宝**　bǎo　*n.*　treasure

家有一老，如有一<u>宝</u>。
有一种动物是中国的国<u>宝</u>，你知道它是什么吗？

24　**宝宝**　bǎobao　*n.*　baby

<u>宝宝</u>别怕，爸爸保护你。
这是我们家<u>宝宝</u>的照片。

25　**宝贝**　bǎo·bèi　*n.*　treasured object; baby

这些邮票是他的<u>宝贝</u>，他不让人随便碰。
<u>宝贝</u>，不早了，快点儿睡觉吧。

26　**宝贵**　bǎoguì　*adj.*　precious, valuable

<u>宝贵</u>的思想；<u>宝贵</u>的精神；<u>宝贵</u>的意见；<u>宝贵</u>的生命
生命的每一分钟都是<u>宝贵</u>的。
他从经理身上学到了很多<u>宝贵</u>的经验。

27　**宝石**　bǎoshí　*n.*　gem

这是一种不常见的绿<u>宝石</u>。
我奶奶给我留下了一些<u>宝石</u>。

28　**保密**　bǎo//mì　keep secret

这事我只告诉你，你要为我<u>保密</u>。

这次会议的内容要绝对保密。
大家都知道了，还保什么密啊！

29 **保守** bǎoshǒu

（1）*v.*　guard, keep
在座的每个人都要保守会议秘密（mìmì, secret）。
（2）*adj.*　conservative
你们的这个计划还是太保守了。
我爷爷是一个思想非常保守的人。

30 **抱** bào　*v.*　hold with both arms, embrace; take a kind of attitude

她抱着几本书从图书馆里走了出来。
听说爸爸要走，女儿赶紧抱住了爸爸的大腿。
任何时候我们都要对生活抱有希望。

31 **背景** bèijǐng　*n.*　background; backstage supporter

我们以七号教学楼为背景拍了一张集体照。
我没有什么背景，只是一个普通老百姓。

32 **倍** bèi　*m.*　time, -fold

这辆车比我要买的贵一倍。
经理的工资大概是我的两倍。

33 **被迫** bèipò　*v.*　be forced, be compelled

他是被迫写下这封信的。
我这样做完全是被迫的，还请你理解。

34 **本科** běnkē　*n.*　undergraduate course

我姐姐在读本科。
他哥哥是一名本科生，学的是计算机专业。

35 **笨** bèn　*adj.*　stupid; clumsy

他一点儿也不笨，就是不够努力。
她什么都好，就是嘴太笨了，不太会说话。
我这手可真笨，连个菜也做不好。

36 **比分** bǐfēn　*n.*　score in a game

北京队和南京队的比分是75比70。
在最后的时刻，我们班足球队把比分追平了。

37 **毕业** bì//yè　graduate

我大学毕业差不多有十年了。
只要有一门课没有成绩的话，就毕不了业。

38 **毕业生** bìyèshēng　*n.*　graduate

他是这所大学的本科毕业生。
今年的毕业生都找到了不错的工作。

39 避 bì v. avoid; take shelter from

避开；避风；避雨
她走了另一条路，想避开前男友。
我去找了她好几次，但是她都避而不见。
我们去前边的车站那儿避一下儿雨吧。

40 避免 bìmiǎn v. avoid, prevent

可以避免；不可避免；尽量避免
这次出院以后，你要避免吃甜食。
下次做作业，要避免出现同样的错误。

◎ 速练 Quick practice

一、先根据词语写拼音，再将词语和正确的英文释义连起来
Write Pinyin according to the words, and then match the words with the correct English definitions.

1. 薄 _____   A. background; backstage supporter

2. 避免 _____   B. guard, keep; conservative

3. 笨 _____   C. be forced, be compelled

4. 倍 _____   D. graduate

5. 保守 _____   E. stupid; clumsy

6. 背景 _____   F. thin

7. 被迫 _____   G. avoid, prevent

8. 毕业 _____   H. time, -fold

二、选择合适的词语填空 Choose the right words and fill in the blanks.

（一） A. 包括   B. 宝贵   C. 背景   D. 比分   E. 薄

1. 按照目前的 ____ 来看，我们队只要再进一个球就赢了。

2. 这种纸太 ____ 了，轻轻一写就破了。

3. 这本书的内容 ____ 经济、文化等多个方面。

4. 这是一份他用自己 ____ 的生命保存下来的文件。

5. 这张照片的 ____ 真好看，是在哪儿拍的？

（二） A. 宝石   B. 倍   C. 毕业   D. 宝   E. 保密

1. 这块 ____ 颜色很漂亮，一定不便宜吧？

2. 这件事还请对我的家人先 ____ 。

3. 这棵树有那棵树的三 ____ 高。

4. ____ 以后，你打算去哪个城市工作？

5. 你别看它长得不好看，但是它全身都是 ____。

（三）　　A. 被迫　　B. 毕业生　　C. 宝宝　　D. 保守　　E. 避

1. 你们家 ____ 多大了？

2. 我哥哥是北京大学的 ____。

3. 老年人的思想总是比年轻人 ____。

4. 外边风太大了，我们赶快找个地方 ____ 一下儿吧。

5. 万先生最后 ____ 答应了对方的要求。

（四）　　A. 避免　　B. 本科　　C. 宝贝　　D. 抱　　E. 笨

1. 这块蓝宝石是他的 ____，去哪儿他都要带着。

2. 他们都学得很快，就是我手有点儿 ____，学得比较慢。

3. 他是 ____ 着试一试的想法去参加比赛的。

4. 我在读 ____ 的时候学的是酒店管理专业。

5. 为了 ____ 迟到，他每天都起得很早。

三、选择合适的词语完成句子　Choose the right words to complete the sentences.

1. ____ 学费、生活费在内，父母每年要在我身上花掉三四万块。
　　A. 计算　　　B. 包括　　　C. 包裹　　　D. 暗示

2. 这家大商场的东西比旁边小商店里的 ____ 得多。
　　A. 贵　　　　B. 宝贵　　　C. 宝贝　　　D. 宝石

3. 这么多年过去了，她还 ____ 着老师送给她的那本书。
　　A. 保密　　　B. 保守　　　C. 保护　　　D. 保存

4. 她左手 ____ 着孩子，右手提着一个大包走了进来。
　　A. 抱　　　　B. 饱　　　　C. 包　　　　D. 跑

5. 虽然心里不愿意，但她还是 ____ 同意了他们提出的条件。
　　A. 被　　　　B. 打破　　　C. 被迫　　　D. 主动

第 3 单元　Unit 3

◎ **目标词语**　Target words

41. 编	42. 辩论	43. 标志	44. 表情	45. 表扬
46. 别	47. 冰	48. 冰箱	49. 冰雪	50. 兵
51. 并	52. 不要紧	53. 不在乎	54. 不管	55. 不然
56. 布置	57. 步行	58. 擦	59. 才	60. 材料

◎ **速记**　Quick memory

41　编　biān　*v.*　weave; arrange in groups; compile; compose; make up

这是爷爷给我编的草鞋。
老师把班里的学生编成了三组。
这本书是周老师编的。
他利用假期编了一个话剧。
她不想去上课，就编了个理由说自己生病了。

42　辩论　biànlùn

（1）*v.*　debate
他们就这个话题辩论了一个上午。
这个问题没什么意义，我不想和你辩论了。
（2）*n.*　debate
一场辩论；大辩论
三班代表队取得了这场辩论的胜利。
李丽、刘强代表我们学校参加了辩论赛。

43　标志　biāozhì

（1）*v.*　mark, symbolize
飞机的发明标志着航空（hángkōng, make a flight）时代的到来。
这座大桥的顺利通车（tōng//chē, be open to traffic）标志着中国的造桥技术达到了新的水平。
（2）*n.*　mark, sign; symbol
地图上有各种形式的标志。
人民生活水平的提高是社会发展的重要标志。

44　表情　biǎoqíng　*n.*　expression, countenance

她在表演时表情还是不太自然。
从他的表情我就知道，他一定是不愿意的。

45　表扬　biǎoyáng　*v.*　praise

他成绩好，又爱帮助人，所以总是受到老师的表扬。
病人出院后专门写了一封信给院长，表扬了这几位医生。

| 46 | 别 | bié | v. | say goodbye; pin up; stick in |

别了，我的家乡。
他的衬衣上别着红花。
请把这两张表格别在一起再交给我。

| 47 | 冰 | bīng | n. | ice |

请在我的可乐里加几块冰。
地上都是冰，走路小心点儿。

| 48 | 冰箱 | bīngxiāng | n. | refrigerator |

水果都放在冰箱里了。
我们才买了一台双开门冰箱。

| 49 | 冰雪 | bīngxuě | | |

（1）n. ice and snow
这座山到了五千米以上，就进入了冰雪的世界。
开车经过这里时一定要小心，因为桥面上有冰雪。
（2）adj. pure like ice and snow
冰雪聪明（cōng·míng，clever）

| 50 | 兵 | bīng | n. | soldier |

我弟弟高中毕业以后就去当兵了。
他只是一名小兵，做不了这个决定。

| 51 | 并 | bìng | v. | parallel with; merge |

请把两只脚并在一起，不要分开。
分四个组每个组的人都太少了，还是并成两个吧。

| 52 | 不要紧 | búyàojǐn | adj. | not serious; not matter |

你的病不要紧，吃点儿药就能好。
没带现金不要紧，有银行卡就行。

| 53 | 不在乎 | búzàihu | v. | do not mind, do not care |

他不在乎别人对他的看法。
对于眼前的困难，她一点儿也不在乎。

| 54 | 不管 | bùguǎn | conj. | no matter (what, how, who, etc.) |

不管谁来，你都别开门。
不管有多少困难，我们都能克服。

| 55 | 不然 | bùrán | conj. | or else |

我八点以前必须到家，不然妈妈会批评我的。
考试以前要好好复习，不然很难考出好成绩。

| 56 | 布置 | bùzhì | v. | decorate; assign |

布置房间；布置工作
他们几个人把教室布置得很漂亮。

老师今天还没布置作业呢。
她一到办公室，领导就给她布置了很多任务。

| 57 | 步行 | bùxíng | v. | walk, be on foot |

为了省钱，她总是步行去超市买东西。
她家就在学校旁边，所以她每天都步行去上课。

| 58 | 擦 | cā | v. | wipe; polish |

洗完手以后，用纸把手擦一擦。
他每天早上出门以前都会把鞋擦干净。

| 59 | 才 | cái | n. | talent, ability |

他是一位很有才的作家。
一个人如果没有才，又不努力，怎么能成功呢？

| 60 | 材料 | cáiliào | n. | material |

科学家们发明了这种新材料。
这些都是我们明天上课要用的学习材料。

◎ 速练　Quick practice

一、先根据词语写拼音，再将词语和正确的英文释义连起来
Write Pinyin according to the words, and then match the words with the correct English definitions.

1. 编 _____　　A. wipe; polish

2. 辩论 _____　　B. mark, symbolize; mark, sign; symbol

3. 标志 _____　　C. weave; arrange in groups; compile; compose; make up

4. 材料 _____　　D. no matter (what, how, who, etc.)

5. 擦 _____　　E. decorate; assign

6. 不管 _____　　F. debate

7. 不在乎 _____　　G. do not mind, do not care

8. 布置 _____　　H. material

二、选择合适的词语填空　Choose the right words and fill in the blanks.

（一）　　A. 编　　B. 冰　　C. 不在乎　　D. 不管　　E. 材料

1. 老王正在为写一本新书准备 ____。

2. 夏天喝一杯 ____ 可乐，可真舒服。

3. 他 ____ 比赛的输赢，他喜欢的是比赛的过程。

4. 这个故事是 ____ 的，一点儿也不真实。

5. ____ 是什么天气,他每天都坚持跑半小时步。

(二)　　A. 辩论　　B. 冰箱　　C. 不然　　D. 才　　E. 擦

1. 他从小就多 ____ 多艺,唱歌、跳舞、画画儿,什么都会。

2. 麦克帮老师把黑板 ____ 得干干净净。

3. ____ 双方用五分钟时间总结了各自的观点。

4. 这台 ____ 我们已经用了十几年了,一点儿毛病都没有。

5. 爸爸,你不要再喝酒了,____ 妈妈会不高兴的。

(三)　　A. 标志　　B. 冰雪　　C. 不要紧　　D. 步行　　E. 布置

1. 宝贝,没赶上这辆车 ____,我们可以坐下一辆。

2. 每天 ____ 半小时对身体有好处。

3. 假期不要给孩子们 ____ 太多的作业。

4. 这个新技术的使用 ____ 着我们公司的生产能力达到了世界先进水平。

5. ____ 运动受到人们的欢迎。

(四)　　A. 表情　　B. 表扬　　C. 别　　D. 兵　　E. 并

1. 我们把这些桌子 ____ 在一起吧,这样可以做一张床睡觉。

2. 他们的表现非常突出,得到了校长的 ____。

3. 我哥哥当了五年 ____。

4. 她的衣服上 ____ 的是什么?太好看了!

5. 看你的 ____ 就知道你生气了。

三、选择合适的词语完成句子　Choose the right words to complete the sentences.

1. 你必须先写作业,____ 不能看电视。

　　A. 然后　　　B. 不必　　　C. 不够　　　D. 不然

2. 他们正在网上开会,____ 假期的旅行计划。

　　A. 不论　　　B. 理论　　　C. 讨论　　　D. 辩论

3. 他的行动 ____ 了他是一个爱国商人。

　　A. 表示　　　B. 表达　　　C. 表明　　　D. 表扬

4. 我们花了几天时间才把他们的婚房 ____ 好。

　　A. 打算　　　B. 布置　　　C. 安装　　　D. 公布

5. 你穿得那么少,感冒是 ____ 的。

　　A. 必然　　　B. 不然　　　C. 果然　　　D. 仍然

第 4 单元　Unit 4

◎ 目标词语　Target words

61. 财产	62. 财富	63. 采访	64. 参考	65. 参与
66. 操场	67. 操作	68. 测	69. 测量	70. 测试
71. 曾	72. 茶叶	73. 产品	74. 长途	75. 常识
76. 唱片	77. 抄	78. 抄写	79. 潮	80. 潮流

◎ 速记　Quick memory

61　财产　cáichǎn　n.　property

国家财产；人民的财产；集体财产；父母的财产；得到财产；保护财产
这个工厂属于国家财产。
他没有把自己的财产留给子女。
保护人民的生命财产安全是我们警察的责任。

62　财富　cáifù　n.　wealth, riches

知识是宝贵的精神财富。
他的一生为社会创造了许多财富。

63　采访　cǎifǎng

（1）v.　cover (a news story), interview
你采访的这些新闻价值不大。
会议结束以后，电视台记者采访了他。
（2）n.　interview
这次采访进行得非常顺利。
在采访中，她谈到了自己成功的经验。

64　参考　cānkǎo　v.　consult, refer to

请参考书上的实验方法完成作业。
在创作这部作品时，这位女作家参考了很多历史文件。

65　参与　cānyù　v.　participate in (sth.)

他参与了这次行动的全过程。
没有你的参与，我们很难完成这个任务。

66　操场　cāochǎng　n.　playground

体育老师带领着大家在操场上跑步。
一下课，孩子们就到操场上玩儿去了。

67　操作　cāozuò　v.　operate

大家一定要按照规定的方法来操作设备。
技术人员给我们介绍了这台机器的操作方法。

68 测 cè v. measure

我们来测一下儿这杯水的温度吧。
她测了一下儿这个桌子的长、宽、高。

69 测量 cèliáng v. measure

经过测量，这条鱼有2米长。
他们用专业设备测量了这块土地的面积。

70 测试 cèshì

（1）v. test
测试水平；测试效果；测试能力
我们正在测试这种新药的效果。
开学以前，我们要测试一下儿学生的中文水平。
为了保证质量（zhìliàng, quality），每台设备我们都会进行测试。
（2）n. test
水平测试；能力测试
我下个月要参加中文水平测试。
这是一种英语听说能力测试。

71 曾 céng adv. once, formerly

麦克曾在北京学过几个月的中文。
我曾去过中国的几个城市，比如北京、上海。

72 茶叶 cháyè n. tea, tea leaves

这种茶叶150元一斤。
这是我买的新茶叶，你看味道怎么样。

73 产品 chǎnpǐn n. product

这种产品在市场上卖得很好。
他们并没有为新产品做任何广告。

74 长途 chángtú

（1）adj. long-distance
在长途旅行中，她病了好几次。
我是坐长途汽车从北京去的天津。
（2）n. long-distance call; coach
打长途；跑长途

75 常识 chángshí n. common sense, common knowledge

他没有一点儿文学常识。
在家里什么都不做的孩子，长大以后一般会缺少基本的生活常识。

76 唱片 chàngpiàn n. (gramphone) record

这名歌手最近出了一张新唱片。
你能把这张唱片再播放一遍吗？

77 抄 chāo v. copy; plagiarize

她把这句话抄在了笔记本上。

麦克抄了别人的作业，老师批评了他。

78　**抄写**　chāoxiě　　v.　　copy, transcribe

请大家把写错的字抄写五遍。
你们在抄写文件的时候，千万别出错。

79　**潮**　cháo

（1）n.　　tide
退潮以后，他们在海边发现了这种小动物。
他每年都会去钱塘江（Qiántáng Jiāng）观潮。
（2）adj.　damp, moist; fashionable
一楼的房间有点儿潮。
木头受潮了，很难生起火。
那个明星穿得很潮。

80　**潮流**　cháoliú　　n.　　tidal current; trend

他们坐船顺着潮流快速前行。
我们每个人都应跟上时代的潮流。
和平与发展是国际社会的主要潮流。

◎ **速练**　Quick practice

一、先根据词语写拼音，再将词语和正确的英文释义连起来
Write Pinyin according to the words, and then match the words with the correct English definitions.

1. 潮流 _____　　A. long-distance; long-distance call; coach

2. 抄写 _____　　B. operate

3. 长途 _____　　C. participate in (sth.)

4. 测量 _____　　D. copy, transcribe

5. 操作 _____　　E. property

6. 参与 _____　　F. measure

7. 采访 _____　　G. tidal current; trend

8. 财产 _____　　H. cover (a news story), interview; interview

二、选择合适的词语填空　Choose the right words and fill in the blanks.

（一）　　A. 财产　　B. 操场　　C. 曾　　D. 唱片　　E. 财富

1. ____ 并不一定能带来快乐和幸福。

2. 他把全部 ____ 都捐（juān, donate）给了国家。

3. 我姐姐 ____ 当过医生。

4. 同学们都在 ____ 上玩儿呢。

15

5. 只要是他的____，我都买了。

（二） A.操作　　B.茶叶　　C.抄　　D.采访　　E.测

1. 学校每个学期都会____一下儿孩子们长高了多少。
2. 他带了一斤____送给王老师。
3. 考试的时候千万不能____别人的。
4. 他太忙了，没有时间接受你们的____。
5. 只要按照说明书（shuōmíngshū，instructions）____，就能使用这台机器。

（三） A.产品　　B.抄写　　C.参考　　D.测量　　E.长途

1. 昨天晚上爸爸给我打了一个____电话。
2. 老师今天给我们布置的作业是____生词。
3. 我们公司生产的____已经卖到了国外。
4. 我在写这篇文章时____了很多书。
5. 他们用专业工具准确____出了操场的面积。

（四） A.潮　　B.参与　　C.测试　　D.常识　　E.潮流

1. 这件事情我没有____。
2. 她要是有一点儿____的话，就不会做这样的事。
3. 考试以前，我们得____一下儿设备是不是能正常使用。
4. 这些____男们特别喜欢穿这种裤子。
5. 他们讨论的话题是"现代中国的思想____"。

三、选择合适的词语完成句子　Choose the right words to complete the sentences.

1. 记者在第一时间对李院长进行了____。
   A.讨论　　　B.采访　　　C.面试　　　D.见面

2. 王院长____设计了这座大楼。
   A.进展　　　B.进入　　　C.参考　　　D.参与

3. 这个机器人是我们公司的新____，它能帮助人们做很多事情。
   A.商品　　　B.食品　　　C.作品　　　D.产品

4. 这篇文章里有一部分内容是____的别人的。
   A.抄　　　　B.抄写　　　C.复印　　　D.印

5. 我留学是为了去学习先进的技术和____。
   A.常识　　　B.水平　　　C.认识　　　D.知识

第 5 单元　Unit 5

◎ **目标词语**　Target words

81. 潮湿	82. 彻底	83. 沉	84. 沉默	85. 沉重
86. 称赞	87. 成人	88. 诚实	89. 诚信	90. 承担
91. 承认	92. 承受	93. 程序	94. 吃惊	95. 迟到
96. 尺	97. 尺寸	98. 尺子	99. 冲	100. 充电

◎ **速记**　Quick memory

81　**潮湿**　cháoshī　*adj.*　moist, damp

中国南方比北方潮湿。
下过雨后，空气非常潮湿。
这段时间天气特别潮湿，衣服洗了几天都干不了。

82　**彻底**　chèdǐ　*adj.*　thorough, complete

我彻底明白了这几个词的意思。
他们已经彻底改变了以前的生活方式。

83　**沉**　chén

（1）*v.*　sink; settle down (to one's work, etc.)
那条船沉了，但还好船上没有人。
毕业以后，他就沉下心进行音乐创作。
（2）*adj.*　heavy; deep
这个包真沉，里边装的是什么？
昨天晚上我睡得很沉。

84　**沉默**　chénmò

（1）*adj.*　reticent
女朋友离开后，他变得越来越沉默了。
（2）*v.*　keep silent
他沉默了一会儿，又继续说了下去。
大家不要沉默，有什么想法都说出来。

85　**沉重**　chénzhòng　*adj.*　heavy; (of one's mood, etc.) downcast, depressed

她一手抱着孩子，一手还提着一个沉重的黑包。
最好的朋友不在了，他的心情非常沉重。
他的表情非常沉重，一定有什么不好的事。

86　**称赞**　chēngzàn　*v.*　praise

他总是称赞自己的孩子。
麦克做了好事，受到了老师的称赞。

| 87 | 成人 | chéngrén | n. | adult, grown-up |

只有成人才能喝酒。
这部电影只适合成人观看。
儿童（értóng，children）必须在一名成人的带领下才能进入。

| 88 | 诚实 | chéng·shí | adj. | honest |

大家都喜欢诚实的人。
这孩子很诚实，从不说假话。

| 89 | 诚信 | chéngxìn | adj. | honest, faithful |

做人要讲诚信。
一个诚信的人总是能让大家信任。

| 90 | 承担 | chéngdān | v. | undertake, bear, accept |

他上大学的费用由他父母承担。
在我们合作的这段时间里，老王承担了大部分的工作。

| 91 | 承认 | chéngrèn | v. | admit, recognize |

他不承认那件事是他做的。
进了老师办公室以后，他承认了自己的错误。

| 92 | 承受 | chéngshòu | v. | bear, endure |

开公司是需要承受风险的。
这块薄板承受不住他们两个人。
他承受不了工作压力，离开了公司。

| 93 | 程序 | chéngxù | n. | procedure; (computer) program |

他们有自己的一套工作程序。
小王，你把明天的会议程序发给我看一下儿。
这个电脑程序的功能很强大，很适合工程师使用。

| 94 | 吃惊 | chī//jīng | | be startled, be shocked, be amazed |

听说她又结婚了，我们都很吃惊。
爸爸吃惊地问我："这么多书，你都看完了？"
看完女儿的表演，我真吃了一惊。

| 95 | 迟到 | chídào | v. | be late |

爸爸上班从不迟到。
他今天上课又迟到了五分钟。

| 96 | 尺 | chǐ | | |

（1）n.　　ruler
我给女儿买了一把直尺。
做人要讲诚信，每个人心里都有一把尺。
（2）m.　　a unit of length (=1/3 meter)
妈妈去商店买了三尺布。

| 97 | 尺寸 | chǐ·cùn | n. | size, measurement, dimension |

您穿什么尺寸的衬衣?
这件衣服尺寸不合适。
您要买多大尺寸的电视机?

| 98 | 尺子 | chǐzi | n. | ruler |

这把尺子是爷爷给我买的。
请大家用尺子量一量这条线有多长。

| 99 | 冲 | chōng | v. | rush; flush; pour boiling water on/in |

一下课,孩子们就冲到操场上玩儿去了。
宝宝,用完洗手间,要记得冲水。
太困了,我要去冲一杯咖啡喝。

| 100 | 充电 | chōng//diàn | | charge; improve (oneself) |

我的电脑需要充电了。
我的手机坏了,充不进去电。
虽然已经毕业了,但他还经常回学校去"充电"。

◎ 速练　Quick practice

一、先根据词语写拼音,再将词语和正确的英文释义连起来
Write Pinyin according to the words, and then match the words with the correct English definitions.

1. 潮湿 _____　　A. honest

2. 沉默 _____　　B. thorough, complete

3. 称赞 _____　　C. reticent; keep silent

4. 诚实 _____　　D. procedure; (computer) program

5. 承担 _____　　E. praise

6. 程序 _____　　F. be startled, be shocked, be amazed

7. 彻底 _____　　G. moist, damp

8. 吃惊 _____　　H. undertake, bear, accept

二、选择合适的词语填空　Choose the right words and fill in the blanks.

（一）　　A. 潮湿　　B. 彻底　　C. 沉　　D. 程序　　E. 吃惊

1. 他能考出这样的成绩,我们一点儿也不 _____。

2. 你们的工作方式需要 _____ 改变。

3. 这张桌子实在太 _____ 了,你能不能帮我搬一下儿?

4. 长期生活在 _____ 的环境中很容易生病。

19

5. 经理宣布了新的工作 ____ 。

（二） A. 沉默　　B. 成人　　C. 诚实　　D. 称赞　　E. 承担

1. 大家都 ____ 她做得好。

2. 对 ____ 需要采用不同的教学方法。

3. 我愿意为我的错误 ____ 所有的责任。

4. 人们对他的评价是 ____ 、有爱心。

5. 他 ____ 了几分钟才告诉我们事情的经过。

（三） A. 沉重　　B. 尺子　　C. 诚信　　D. 尺寸　　E. 冲

1. 商人在做生意时应该以 ____ 为本。

2. 我给女儿买了一把新 ____ 。

3. 您要知道 ____ ，我们才能给您做。

4. 他在最后一分钟 ____ 进了教室。

5. 这个话题太 ____ 了，大家都不想开口（kāi//kǒu, speak）。

（四） A. 尺　　B. 承认　　C. 充电　　D. 承受　　E. 迟到

1. 她只是个孩子，能 ____ 住这么大的压力吗？

2. 我的电动车（diàndòngchē, electric motorcar）需要 ____ 了。

3. ____ 总比不到好。

4. 我 ____ 他在很多方面都比我做得好。

5. 这张桌子大概三 ____ 宽。

三、选择合适的词语完成句子　Choose the right words to complete the sentences.

1. 他改进后的操作方法得到了专家们的一致 ____ 。
   A. 承担　　　　B. 承认　　　　C. 承受　　　　D. 认可

2. 一个没有 ____ 的公司是不会长存的。
   A. 诚信　　　　B. 实在　　　　C. 诚实　　　　D. 信任

3. 他租的房子在一楼，房间又是朝北的，所以特别 ____ 。
   A. 漂亮　　　　B. 潮湿　　　　C. 干净　　　　D. 潮流

4. 虽然赢了比赛，但是队友却受了伤，他们的心情非常 ____ 。
   A. 重大　　　　B. 沉默　　　　C. 沉　　　　　D. 沉重

5. 他把这个房间 ____ 检查了一遍才放心。
   A. 全场　　　　B. 完整　　　　C. 彻底　　　　D. 所有

第 6 单元　Unit 6

◎ **目标词语**　Target words

101. 充电器	102. 充分	103. 虫子	104. 抽	105. 抽奖
106. 抽烟	107. 出口	108. 出色	109. 出售	110. 出席
111. 处于	112. 处	113. 穿上	114. 传统	115. 窗户
116. 窗台	117. 窗子	118. 春季	119. 纯	120. 纯净水

◎ **速记**　Quick memory

101　充电器　chōngdiànqì　n.　charger

我想给手机充电，但是找不到充电器了。
我准备了两个手机充电器，一个放在家里，一个放在办公室。

102　充分　chōngfèn　adj.　adequate, sufficient

大家可以充分发表自己的意见。
他们已经为这次辩论赛做了充分的准备。
我们有充分的信心取得这次比赛的胜利。

103　虫子　chóngzi　n.　insect, worm

这米放的时间太长了，都生虫子了。
一只绿色的小虫子爬到了他的头发上。

104　抽　chōu　v.　take out from in between; take a part from a whole; draw, pump

他从书架上抽出一本书，然后看了起来。
我们部门也很忙，现在抽不出人去帮你们。
小湖里的水被抽干了。

105　抽奖　chōu//jiǎng　draw a lottery or raffle

今天由李校长为我们抽奖。
在昨天的活动中，他抽中了一个大奖。

106　抽烟　chōuyān　v.　smoke

我从来不抽烟。
请不要在医院里抽烟。
抽烟对身体不好，别抽了。

107　出口　chū//kǒu　export; speak out

这些产品是出口到美国去的。
中国每年都会向国外出口茶叶。
话一出了口，就收不回来了。

108 **出色** chūsè *adj.* outstanding, remarkable

他们干得很出色。
在这次比赛中，丽丽的表现非常出色。
感谢你们出色地完成了学校交给你们的任务。

109 **出售** chūshòu *v.* sell

这家公司出售新旧家具。
本店所有服装半价出售。

110 **出席** chūxí *v.* attend, be present

他代表我们班出席了全院大会。
学校的主要领导出席了这次会议。

111 **处于** chǔyú *v.* be (in a certain condition)

比赛进行到现在，北京队处于优势。
当时还处于思想保守的年代，大多数人是绝对不敢这样穿衣服的。

112 **处** chù *n.* place; department, office

一群羊在远处的草地上吃草。
我们去售票处买票吧。

113 **穿上** chuānshang put on

你最好穿上大衣，外边下雪了。
宝贝，穿上你的新鞋，咱们出去走走吧。

114 **传统** chuántǒng

（1）*n.* tradition
好的传统要一代一代传下去。
村子里还保留着给老人集体庆祝生日的传统。
（2）*adj.* traditional; conservative
春节是中华民族的传统节日。
人们在节日里穿上传统服装唱歌跳舞。
老人的思想比较传统。

115 **窗户** chuānghu *n.* window

房间南面的墙上有一个大窗户。
你好，我想订一个靠窗户的座位。

116 **窗台** chuāngtái *n.* windowsill

他家的窗台上摆着两瓶花。
一只小猫坐在窗台上，从窗户里往外看。

117 **窗子** chuāngzi *n.* window

麦克正用一块布擦窗子。
天气好的时候，把窗子打开换换空气。

118 **春季**　chūnjì　*n.*　spring

春季到了，天气越来越暖和了。
大学生春季篮球赛在4月15日举行。

119 **纯**　chún　*adj.*　pure, unmixed; pure and simple

这件大衣是纯羊毛的。
今天她穿了一条纯白的裙子。
思想不纯，这是很危险的。

120 **纯净水**　chúnjìngshuǐ　*n.*　purified water

我经常喝这个牌子的纯净水。
家里的纯净水喝完了，得再买点儿。

◎ 速练　Quick practice

一、先根据词语写拼音，再将词语和正确的英文释义连起来
Write Pinyin according to the words, and then match the words with the correct English definitions.

1. 充分 _____　　A. sell

2. 抽奖 _____　　B. be (in a certain condition)

3. 出售 _____　　C. windowsill

4. 出席 _____　　D. draw a lottery or raffle

5. 处于 _____　　E. pure, unmixed; pure and simple

6. 窗台 _____　　F. attend, be present

7. 传统 _____　　G. adequate, sufficient

8. 纯 _____　　H. tradition; traditional; conservative

二、选择合适的词语填空　Choose the right words and fill in the blanks.

（一）　A. 充电器　　B. 处于　　C. 充分　　D. 处　　E. 虫子

1. 我们要 ____ 利用已有条件为会议的顺利举行做好服务工作。

2. 只有站在高 ____ 才能看得更远。

3. 他们刚结婚，还 ____ 新婚的幸福之中。

4. 小鸟喜欢吃 ____ 。

5. 我能借你的 ____ 用用吗？

（二）　A. 抽烟　　B. 窗台　　C. 出口　　D. 窗子　　E. 出色

1. 风太大了，快关上 ____ 吧。

2. ____ 对身体不好。

3. 爸爸把一些书放在了 ____ 上。

4. 丽丽学习认真，成绩非常 ____。

5. 他们生产的绿色食品已经 ____ 到了世界各地。

（三）　　A. 穿上　　B. 抽　　C. 传统　　D. 抽奖　　E. 窗户

1. 他从信封里 ____ 出来几张钱放到了我手里。

2. 出门之前，要把 ____ 关好。

3. 她 ____ 睡衣正准备去睡觉，电话忽然响了。

4. 在这家超市消费200元以上的顾客可以参加 ____。

5. 中秋节（Zhōngqiū Jié, the Mid-Autumn Festival）是中国人的 ____ 节日。

（四）　　A. 出售　　B. 纯　　C. 出席　　D. 纯净水　　E. 春季

1. 李校长请王老师代他 ____ 这次会议。

2. 这家小商店不 ____ 烟酒。

3. 校长通知老师要做好 ____ 学期开学的准备工作。

4. 这个牌子的 ____ 味道甜甜的，很好喝。

5. 这是一只 ____ 黑色的小狗。

三、选择合适的词语完成句子　Choose the right words to complete the sentences.

1. 我对公司的发展 ____ 了信心。

　　A. 充满　　　　B. 充电　　　　C. 补充　　　　D. 充分

2. 王校长带领其他四位老师 ____ 了这次国际会议。

　　A. 出口　　　　B. 出色　　　　C. 出售　　　　D. 出席

3. 我们公司现在正 ____ 快速发展阶段（jiēduàn, stage）。

　　A. 到处　　　　B. 处理　　　　C. 处于　　　　D. 长处

4. 这两位明星在节目中 ____ 了他们主演（zhǔyǎn, act the leading role）的新电视剧。

　　A. 传播　　　　B. 宣传　　　　C. 传统　　　　D. 传说

5. 在人生的这个重要 ____ 上，她不知道该怎么选择。

　　A. 出口　　　　B. 人口　　　　C. 入口　　　　D. 路口

第 7 单元　Unit 7

◎ **目标词语**　Target words

121. 词汇	122. 此	123. 此外	124. 次	125. 刺
126. 刺激	127. 从此	128. 粗	129. 粗心	130. 促进
131. 促使	132. 促销	133. 措施	134. 打	135. 答案
136. 打败	137. 打雷	138. 打扫	139. 打折	140. 打针

◎ **速记**　Quick memory

121　词汇　cíhuì　*n.*　vocabulary, words and phrases

这本教材的后边有一个词汇表。
我们现在学习的是中文常用的词汇。
这部文学作品使用的词汇很有特色。

122　此　cǐ　*pron.*　this; now

警察，我不认识此人。
昨天我看见的那辆黑色小汽车就停在此处。
今天的会议到此结束。

123　此外　cǐwài　*conj.*　in addition

我去超市买了两斤肉，此外还买了点儿饺子。
要把这种运动做好，需要钱和时间，此外还需要努力。

124　次　cì　*adj.*　not good; inferior

这个人真次，说假话都不脸红。
这是一件次品，所以卖得便宜一些。

125　刺　cì

（1）*v.*　stab; irritate
妈妈做衣服的时候不小心被针（zhēn, needle）刺伤了手。
阳光太强了，刺得我眼睛疼。
他说的这些话，真的刺伤了我的心。
（2）*n.*　thorn
那种花上全是刺。
我不爱吃鱼，因为有刺。

126　刺激　cìjī

（1）*v.*　irritate, stimulate; promote
刺激眼睛；刺激精神
别总说那些话去刺激他，他已经很努力了。
刺激消费的方法有很多种。

（2）*n.*　irritation, stimulation; excitement
刺激大；刺激深
这件事给她的刺激太大了。
她这么做只是为了刺激和好玩儿。

127　从此　cóngcǐ　*adv.*　from now on, from then on

我向您保证从此我再也不会出现这种问题了。
老师在全班同学面前表扬了她，从此她学习更认真了。

128　粗　cū　*adj.*　thick; coarse; careless

这棵古树可真粗，有一二百年了吧？
这里的沙子可真粗！
你的心也太粗了，这么简单的三道题，你错了两道。

129　粗心　cūxīn　*adj.*　careless

这个孩子粗心得很，考试都能忘记写名字。
老板对他的表现很不满意，因为他工作太粗心了。

130　促进　cùjìn　*v.*　promote

合适的阳光能促进花草树木生长。
这次讨论会大大促进了两个单位之间的交流。
我们是同事，在工作上可以互相学习，互相促进。

131　促使　cùshǐ　*v.*　spur, urge, impel

是什么事情促使你做出这个重大决定的？
来自家庭的压力促使他比别的同学学习更努力。
市场需求的变化促使我们公司不断改进自己的产品。

132　促销　cùxiāo　*v.*　promote sales

我们可以在电视上做广告来促销我们的产品。
那家超市正在进行商品促销活动，咱们去看看有没有什么可以买的吧。

133　措施　cuòshī　*n.*　measure, step

公司采取了一些措施帮助新员工。
学校已经制定了一些措施来保证学生们有一个安静的学习环境。

134　打　dá　*m.*　dozen

一打啤酒30块钱。
我昨晚去超市买了一打鸡蛋。

135　答案　dá'àn　*n.*　answer

他的答案是错的。
他还在想这道题的答案。

136　打败　dǎbài　*v.*　defeat; be defeated, suffer a defeat

我校足球队打败了所有对手，取得了第一名的好成绩。
在这次网球比赛中，我们打败了对手。
这场比赛如果你们打败了，就失去了决赛资格。

137 **打雷** dǎ//léi thunder

昨天夜里一直在打雷。
刚才外边打了个响雷，吓了我一跳。

138 **打扫** dǎsǎo v. clean, sweep

同学们正在打扫教室。
孩子们把房间打扫得很干净。

139 **打折** dǎ//zhé discount

这家商场把所有没卖完的冬装都打折出售了。
如果你买两件，可以给你打八折。

140 **打针** dǎ//zhēn give or have an injection

有的小孩子不害怕打针。
他感冒很严重，今天医生给他打了一针。

◎ **速练** Quick practice

一、先根据词语写拼音，再将词语和正确的英文释义连起来
Write Pinyin according to the words, and then match the words with the correct English definitions.

1. 粗心 ＿＿＿＿＿＿　　A. promote sales

2. 促使 ＿＿＿＿＿＿　　B. measure, step

3. 促销 ＿＿＿＿＿＿　　C. thunder

4. 措施 ＿＿＿＿＿＿　　D. vocabulary, words and phrases

5. 打雷 ＿＿＿＿＿＿　　E. give or have an injection

6. 词汇 ＿＿＿＿＿＿　　F. irritate, stimulate; promote; irritation, stimulation; excitement

7. 打针 ＿＿＿＿＿＿

8. 刺激 ＿＿＿＿＿＿　　G. careless

　　　　　　　　　　　　H. spur, urge, impel

二、选择合适的词语填空　Choose the right words and fill in the blanks.

（一）　A. 词汇　　B. 此外　　C. 刺　　D. 从此　　E. 粗心

1. 他的 ＿＿＿ 造成了这场交通事故。

2. 我女儿学了跳舞、画画儿，＿＿＿ 还学了主持。

3. 他五年前回来过一次，＿＿＿ 再也没回来过。

4. 在这门课上，我们会学到一些科技 ＿＿＿。

5. 他被那个坏人 ＿＿＿ 了一刀。

（二）　　A. 促使　　B. 措施　　C. 答案　　D. 打雷　　E. 打折

1. 对不起，这个包是刚到的，不 ____。

2. 下雨的时候常常会 ____。

3. 对于可能出现的问题，我们要积极采取预防 ____。

4. 我还没有找到这个问题的 ____。

5. 生存环境的变化 ____ 它们的生存方式发生改变。

（三）　　A. 此　　B. 次　　C. 刺激　　D. 粗　　E. 促进

1. 她受到了很大的 ____，现在精神状态不太好。

2. 这是一些 ____ 品，所以在打折出售。

3. 这次活动的顺利开展 ____ 了两国的文化交流。

4. 这条线画得太 ____ 了。

5. 他经常迟到，为 ____ 没少被老师批评。

（四）　　A. 促销　　B. 打　　C. 打败　　D. 打扫　　E. 打针

1. 女儿才三岁，但是在 ____ 时却一点儿也不害怕。

2. 咱们家卫生间太脏了，你去 ____ 一下儿吧。

3. 在所有队员的共同努力下，我们终于 ____ 了对手。

4. 这是你要的两 ____ 鸡蛋。

5. 这家百货公司每个月都给我寄一本 ____ 杂志。

三、选择合适的词语完成句子　Choose the right words to complete the sentences.

1. 今天早上，在来的路上我前边的车发生了交通事故，____ 我上班迟到了。
　　A. 此　　　　B. 因此　　　　C. 此外　　　　D. 从此

2. 把这件事情交给他去做，我不太 ____。
　　A. 粗心　　　B. 放心　　　　C. 伤心　　　　D. 决心

3. 互联网的发展能 ____ 世界各国人民交流。
　　A. 促进　　　B. 促使　　　　C. 促销　　　　D. 推进

4. 我爱人把每个房间都 ____ 得非常干净。
　　A. 打败　　　B. 打折　　　　C. 打扫　　　　D. 打针

5. 爸爸 ____ 周末的时候带我去动物园玩儿。
　　A. 答案　　　B. 回答　　　　C. 答应　　　　D. 反应

第 8 单元　Unit 8

◎ **目标词语**　Target words

141. 大巴	142. 大多	143. 大方	144. 大哥	145. 大规模
146. 大会	147. 大姐	148. 大楼	149. 大陆	150. 大妈
151. 大型	152. 大爷	153. 大众	154. 代替	155. 待遇
156. 袋	157. 戴	158. 担保	159. 担任	160. 担心

◎ **速记**　Quick memory

141　大巴　　dàbā　　*n.*　　bus

一辆大巴；坐大巴
我是坐大巴去的机场。
学校安排了一辆大巴接送（jiēsòng, receive and send off）去参观的学生。

142　大多　　dàduō　　*adv.*　　for the most part, mostly

来参会的大多是大学老师。
树上的苹果大多已经成熟。

143　大方　　dàfang　　*adj.*　　generous; natural and poised; in good taste

花钱大方；说话大方；动作大方；样子大方
他在女儿身上花钱很大方，只要女儿想买的，他都会答应。
这小姑娘在这么多客人面前表演，但一点儿也不紧张，非常大方。
他们的房间布置得很大方。

144　大哥　　dàgē　　*n.*　　eldest brother; (*a polite form of address for a man about one's own age*) elder brother

我有两个哥哥，大哥今年二十八岁，二哥今年二十五岁。
大哥，请问一下儿，体育馆怎么走？
王大哥，我的自行车坏了，你可以帮我修一下儿吗？

145　大规模　　dà guīmó　　large-scale, extensive, massive

各地都在大规模发展旅游经济。
经过讨论，公司决定大规模生产这种车。

146　大会　　dàhuì　　*n.*　　conference, general meeting

庆祝大会；代表大会；主持大会
第一次联合国大会是1946年在英国举行的。
你提出的这个问题将在明天的大会上进行讨论。

| 147 | 大姐 | dàjiě | n. | eldest sister; (*a polite form of address for a woman about one's own age*) elder sister |

我大姐在银行工作，二姐是医生。
大姐，这苹果多少钱一斤？

| 148 | 大楼 | dà lóu | | building |

一座大楼
我们公司在这座大楼的二十一层。
一进城就能看见那座蓝色的大楼。

| 149 | 大陆 | dàlù | n. | continent; Chinese mainland |

在海上坐了五天的船以后，他们终于看到了大陆。
他打算下周回大陆看父母。

| 150 | 大妈 | dàmā | n. | father's elder brother's wife; (*affectionate or respectful form of address for an elderly woman*) aunt |

我大妈现在一个人住在城里的房子里。
王大妈，谢谢您帮我把包裹拿了回来。

| 151 | 大型 | dàxíng | adj. | large-scale, large |

大型设备；大型工厂；大型公司；大型城市；大型超市；大型比赛
这台大型设备价值两千多万。
这是一部大型电视连续剧，有六十集。

| 152 | 大爷 | dàye | n. | (informal) father's elder brother; (*affectionate or respectful form of address for an elderly man*) uncle |

我大爷比我爸大三岁。
李大爷今年九月退休。

| 153 | 大众 | dàzhòng | n. | common people, broad masses of people |

人民大众；大众的要求；大众的愿望
作家应该创作人民大众喜爱（xǐ'ài, like）的文学作品。
他的这些想法不被大众所接受。

| 154 | 代替 | dàitì | v. | replace, substitute for |

李老师生病了，我今天代替他给你们上课。
现代工厂里的很多工作都被机器人代替了。

| 155 | 待遇 | dàiyù | n. | treatment; pay, wage, salary and benefits |

待遇平等；待遇不同；提高待遇
那家公司的待遇很好。
在我们这里，男女职工的待遇是一样的。

| 156 | 袋 | dài | | |

（1）*n.* bag, sack
布袋；米袋；纸袋
他的手里提着一个布袋，里边装的是他的笔和课本。

用纸袋比较环保。
（1）m.　　a measure word for things in a bag
爸爸去超市买了一袋大米。
我刚去面包店买了两袋面包。

157　戴　　dài　　v.　　wear, put on

戴帽子（màozi, hat）；戴手表
我冬天出门的时候会戴着帽子。
他今天忘记戴手表了。

158　担保　　dānbǎo

（1）v.　　guarantee, assure
单位担保；学校担保
大家信任他，都愿意为他担保。
我担保他一定能完成这项工作。
（2）n.　　guarantee
做担保；提供担保
我们都愿意为他做担保。
因为他的信用（xìnyòng, credit）不好，所以大家都不愿意为他提供担保。

159　担任　　dānrèn　　v.　　hold the post of, serve as

担任校长；担任经理；担任组长
李主任同意担任这家医院的院长。
他从下周起将不再担任我们学校足球队的队长。

160　担心　　dān//xīn　　worry

别担心，你会好起来的。
孩子们都大了，可以照顾好自己，你还担什么心呢？

◎ **速练**　Quick practice

一、先根据词语写拼音，再将词语和正确的英文释义连起来
Write Pinyin according to the words, and then match the words with the correct English definitions.

1. 大规模 _____　　A. continent; Chinese mainland

2. 大陆 _____　　B. replace, substitute for

3. 担心 _____　　C. guarantee, assure; guarantee

4. 代替 _____　　D. hold the post of, serve as

5. 待遇 _____　　E. generous; natural and poised; in good taste

6. 担保 _____　　F. worry

7. 担任 _____　　G. large-scale, extensive, massive

8. 大方 _____　　H. treatment; pay, wage, salary and benefits

二、选择合适的词语填空　Choose the right words and fill in the blanks.

（一）　　A.大巴　　B.大多　　C.大方　　D.大哥　　E.大规模

1. 我长得跟我____一样高了。

2. 这种新技术将____应用在房屋建设上。

3. 从这儿坐____去上海最便宜。

4. 他有钱，对女朋友也____，女朋友喜欢的东西，他都会买下来。

5. 住在这儿的人____想搬走。

（二）　　A.大会　　B.戴　　C.大楼　　D.大陆　　E.大妈

1. 你____的这块表真好看。

2. 这座百货____已经有一百多年的历史了。

3. 李____帮我们去学校接的孩子。

4. 李校长主持了这次庆祝____。

5. 你知道地球上有几块____吗？

（三）　　A.大型　　B.大爷　　C.大众　　D.代替　　E.待遇

1. 我有事不能去开会，你____我去一下儿吧。

2. 这部电影很受____喜欢。

3. 这家公司的____很好，很多人都想去。

4. 那个____在这儿卖菜有十多年了。

5. 这种____活动都会有完善的保安措施。

（四）　　A.袋　　B.大姐　　C.担保　　D.担任　　E.担心

1. 我敢____我们的产品一定能大卖。

2. 这么晚了，大姐还没回家，妈妈很____。

3. 我在超市买完东西后一般用纸____装。

4. ____，您这鸡蛋怎么卖的？

5. 这次大会由王院长____会议主持人（zhǔchírén，host, hostess）。

三、选择合适的词语完成句子　Choose the right words to complete the sentences.

1. 这些学生____是本科生。

　　A.大规模　　　B.大量　　　C.大多数　　　D.大众

2. 这家饭馆的价格不贵，是普通 ____ 都消费得起的。

　　A. 大众　　　　B. 大型　　　　C. 大概　　　　D. 大多

3. 他们几个人明天 ____ 我们班去参加学校篮球比赛。

　　A. 时代　　　　B. 代替　　　　C. 代表　　　　D. 现代

4. 这位老师 ____ 每个学生都一样，不会喜欢这个，不喜欢那个。

　　A. 等待　　　　B. 待遇　　　　C. 接待　　　　D. 对待

5. 如果有任何问题，我们将集体 ____。

　　A. 担保　　　　B. 承担　　　　C. 担任　　　　D. 担心

第 9 单元　Unit 9

◎ **目标词语**　Target words

161. 单	162. 单纯	163. 单调	164. 单独	165. 淡
166. 导游	167. 导致	168. 倒闭	169. 倒车（dǎo//chē）	
170. 倒车（dào//chē）		171. 得意	172. 得	173. 灯光
174. 登	175. 登记	176. 登录	177. 登山	178. 的确
179. 敌人	180. 底			

◎ **速记**　Quick memory

161　单　dān

（1）*adj.*　single; odd; unlined
<u>单</u>人床；<u>单</u>音节；<u>单</u>数；<u>单</u>衣
房间里只有一张<u>单</u>人床，睡不了两个人。
1、3、5、7是<u>单</u>数。
外边很冷，但他只穿了一件<u>单</u>衣。
（2）*adv.*　only
别人的作业都交了，<u>单</u>缺他的。
评价一个人要全面，不能<u>单</u>看某一方面。

162　单纯　dānchún　*adj.*　simple, pure; merely

思想<u>单纯</u>；想法<u>单纯</u>；环境<u>单纯</u>；<u>单纯</u>地强调
孩子们的想法就是这么<u>单纯</u>。
他身边都是一些思想很<u>单纯</u>的人。
学校教育不是<u>单纯</u>地为了提高学生的学习成绩，而是为了学生的全面发展。

163　单调　dāndiào　*adj.*　dull, monotonous

生活<u>单调</u>；工作<u>单调</u>；形式<u>单调</u>
她感觉这样的生活太<u>单调</u>了，想换一个环境。
像他们那样<u>单调</u>地反复练一个动作，我实在是坚持不下去。

164　单独　dāndú　*adv.*　by oneself, alone

<u>单独</u>住；<u>单独</u>活动；<u>单独</u>完成；<u>单独</u>一个人
妈妈不同意她<u>单独</u>去旅行。
这么多年，她都是<u>单独</u>一个人生活的。

165　淡　dàn　*adj.*　light; tasteless; indifferent; slack

<u>淡</u>黄色；<u>淡</u>茶；味道<u>淡</u>；<u>淡</u>季
她今天穿了一条<u>淡</u>蓝色的裙子。
这汤你是不是忘记放盐（yán, salt）了？味道很<u>淡</u>。
他不管对谁都是<u>淡淡</u>的。
最近商场的生意很<u>淡</u>。

166 **导游** dǎoyóu

（1）*v.* conduct a sightseeing tour, guide
为……导游；给……导游；由……导游
我们可以请当地人为我们导游。
去动物园玩儿，我可以给你们导游。
（2）*n.* tour guide
当导游；做导游；从事导游工作
我姐姐在一家旅行社当导游。
我们在一名导游的带领下参观了故宫（Gùgōng，the Imperial Palace）。

167 **导致** dǎozhì *v.* lead to, cause

这场交通事故导致他失去了右腿。
长期的工作压力导致他的身体出现了很大的问题。

168 **倒闭** dǎobì *v.* close down, go bankrupt

这家公司经营不到一年就倒闭了。
越来越多的人开始在网上买东西，所以很多小商店倒闭了。

169 **倒车** dǎo//chē change trains or buses

我不想坐公交车去，中间还要倒车，太麻烦了。
地铁二号线不直接到公司，你在中间还得倒一次车。

170 **倒车** dào//chē back a car

倒车的时候要注意观察后边。
我要倒一下儿车，请您让一下儿。

171 **得意** déyì *adj.* proud, complacent

得意得很；得意地说；得意的样子
看到自己的成绩后，他的心里很得意。
女儿得意地对我们说，今天老师表扬她了。

172 **得** děi *v.* need, must, have to, be sure to

建这个机场得花三五年时间。
我们得快一点儿，不然会迟到的。
要是回去晚了，妈妈又得批评我了。

173 **灯光** dēngguāng *n.* light of a lamp; (stage) lighting

他们家窗户里还有灯光，现在应该还没睡。
这个舞台的灯光设计很漂亮。

174 **登** dēng *v.* ascend; publish

我们一大早就登上了山顶（shāndǐng，top of a mountain）。
他的故事被登在了报纸上。

175 **登记** dēng//jì register

登记结婚；财产登记
他们已经登记结婚了。

酒店服务员登记了客人的相关信息。

176 **登录** dēnglù v. log in

要使用手机银行服务，得先登录。
我忘记了电子邮箱的登录密码（mìmǎ, password）。

177 **登山** dēng//shān mountain-climbing

我最喜欢的体育运动是登山。
这位登山爱好者在登那座山的时候发生了意外。

178 **的确** díquè adv. really, indeed

昨天半夜的确下雨了。
我可以保证，她的确没有这么说过。

179 **敌人** dírén n. enemy

我不是你的敌人，我是来帮你的。
这些英勇（yīngyǒng, heroic）的战士（zhànshì, soldier）一次又一次打败了敌人。

180 **底** dǐ n. bottom, base; end

鞋底；年底
海底（hǎidǐ, bottom of the sea）也生活着一些动植物（dòng-zhíwù, animals and plants）。
我们单位每个月月底（yuèdǐ, end of a month）发工资。

◎ 速练 Quick practice

一、先根据词语写拼音，再将词语和正确的英文释义连起来
Write Pinyin according to the words, and then match the words with the correct English definitions.

1. 单纯 _____   A. dull, monotonous
2. 单调 _____   B. lead to, cause
3. 单独 _____   C. proud, complacent
4. 登录 _____   D. really, indeed
5. 导致 _____   E. close down, go bankrupt
6. 倒闭 _____   F. simple, pure; merely
7. 得意 _____   G. log in
8. 的确 _____   H. by oneself, alone

二、选择合适的词语填空 Choose the right words and fill in the blanks.

（一）   A. 单   B. 导游   C. 得意   D. 登录   E. 单纯

1. 取得了好成绩也不要太 ____。

2. 他是一个很 ____ 的人，很容易相信别人。

3. 他外语很好，所以一般都是给外国人当 ____。

4. 这个房间里有两张 ____ 人床。

5. 你知道怎么在家里 ____ 学校的这个网站吗？

（二） A.导致　　　B.得　　　C.登山　　　D.单调　　　E.倒闭

1. 您这个病 ____ 去大医院看，我们这儿没这个技术。

2. 实力不够的小公司一个接一个地 ____ 了。

3. 他们都是专业的 ____ 运动员（yùndòngyuán, athlete）。

4. 这场大火 ____ 十几个人失去了生命。

5. 他喜欢用黑笔画画儿，虽然画得不错，但是从颜色上看还是太 ____ 了。

（三） A.灯光　　　B.的确　　　C.单独　　　D.倒车　　　E.登

1. 这辆车正在 ____，我们往旁边去一点儿吧。

2. 他 ____ 完成了这座大桥的设计工作。

3. 这个房间的 ____ 太暗了。

4. 他 ____ 是这样说的，也是这样做的。

5. 我们花了六个小时才 ____ 上这座山。

（四） A.敌人　　　B.淡　　　C.倒车　　　D.登记　　　E.底

1. 来报到的时候，学校要 ____ 你的姓名、联系方式等信息。

2. 湖 ____ 有一条沉船。

3. ____ 抓住了我们的几位战士。

4. 饭后喝一杯 ____ 茶对身体有好处。

5. 坐这个大巴可以直接到北京，中间不需要 ____。

三、选择合适的词语完成句子　Choose the right words to complete the sentences.

1. 他不仅解决了这个问题，而且用的方法还是最 ____ 的。

　　A.单纯　　　　　B.单调　　　　　C.单独　　　　　D.简单

2. 在教练的 ____ 下，他的篮球水平越来越高。

　　A.导游　　　　　B.领导　　　　　C.导致　　　　　D.指导

3. 我常去的那家小饭馆 ____ 了。

　　A.倒车　　　　　B.倒闭　　　　　C.关上　　　　　D.关闭

4. 麻烦您在这儿____一下儿病人的信息。

  A. 登记   B. 登录   C. 登山   D. 记录

5. 他____表示不参加这次活动。

  A. 确实   B. 确定   C. 明确   D. 准确

第10单元　Unit 10

◎ **目标词语**　Target words

181. 地方	182. 地面	183. 地位	184. 地下	185. 地址
186. 典型	187. 点名	188. 电灯	189. 电动车	190. 电梯
191. 电源	192. 顶	193. 定	194. 冬季	195. 动画片
196. 动摇	197. 豆腐	198. 独立	199. 独特	200. 独自

◎ **速记**　Quick memory

181　地方　dìfāng　n.　locality; local

各级地方政府（zhèngfǔ, government）都在大力发展经济。
王市长经常深入地方，了解（liǎojiě, get to know）普通老百姓的生活。
这些服装都具有地方特色。

182　地面　dìmiàn　n.　the earth's surface, ground

夏天最热的时候，这里的地面温度能达到70度。
下雨后，地面上有很多水，走路的时候小心点儿。

183　地位　dìwèi　n.　position, status

地位高；地位低；地位平等；社会地位；国际地位
谈判双方地位平等，实力接近。
不论男女，大家的社会地位是一样的。

184　地下　dìxià　n.　underground; secret

地下商场；地下停车场；地下活动；地下工厂
这家商场有一个很大的地下停车场，可以同时停300辆车。
这些地下工厂不仅卫生条件差，而且还会破坏周围环境。

185　地址　dìzhǐ　n.　address

通信地址；家庭地址；工作地址
我不住那儿了，我想改一下儿我的家庭地址。
你没收到快递，是因为你写错了收件地址。

186　典型　diǎnxíng

（1）*n.*　typical example, model, representative
成为典型；创造典型；先进典型；完美的典型
他成为所有学生学习的典型代表。
电视剧中的这个家庭可以说是广大中国家庭的一个典型。

（2）*adj.*　typical
这件事情很典型，可以用来教育学生。
他在小说中成功地塑造（sùzào, portray, create）了一个典型的城市大妈形象。

187 点名 diǎn//míng   call the roll; mention someone by name

每天上课以前,李老师都会先点名。
王校长点名要他去帮忙。
王老师又点了他的名,让他回答问题。

188 电灯 diàndēng   n.   electric lamp

开电灯;关电灯;安电灯;装电灯
现在有点儿暗了,打开电灯吧。
村子里所有的房屋都已经安了电灯。

189 电动车 diàndòngchē   n.   electric motorcar

一辆电动车;骑电动车
为了上下班方便,他买了一辆电动车。
我今天是骑电动车来学校的。

190 电梯 diàntī   n.   elevator, lift

坐电梯;修电梯
今天我们不坐电梯了,走上去吧。
电梯坏了,正在修。

191 电源 diànyuán   n.   power source

不看电视时,把电视的电源关了吧。
你有没有带移动(yídòng, mobile)电源?

192 顶 dǐng

(1)n.   top, peak
楼顶;房顶;山顶
楼顶上长了一些草。
他们爬了五个多小时,才爬上山顶。
(2)v.   carry on the head; head in; prop; go against; equal to
他头上顶着一块纸板冲进了大雨里。
他用头把球顶进了球门。
快拿把椅子来顶住门。
我们顶着风走了五公里,终于到家了。
她工作能力很强,一个人可以顶两个人。
(3)m.   a measure word for things which have a top
她戴着一顶白色的帽子。
我给女儿买了一顶新帽子。

193 定 dìng   v.   calm; fix; determine

开学好几天了,女儿还没把心定下来。
小猫好像看到了什么,忽然定住不动了。
双方父母商量后定下了两个人结婚的日子。

194 冬季 dōngjì   n.   winter

这儿到了冬季也不常下雪。
今年的冬季篮球赛将在12月15日举行。

195 **动画片**　dònghuàpiàn　*n.*　animation

一部<u>动画片</u>；看<u>动画片</u>
这部<u>动画片</u>很受小朋友的欢迎。
儿子，你看了一个小时的<u>动画片</u>了，休息休息眼睛吧。

196 **动摇**　dòngyáo　*v.*　waver, shake

他的决心一点儿也没<u>动摇</u>。
经历这些事情后，我对他的信心开始<u>动摇</u>了。

197 **豆腐**　dòufu　*n.*　bean curd, tofu

儿子非常喜欢吃<u>豆腐</u>。
奶奶在菜市场买了一斤<u>豆腐</u>。

198 **独立**　dúlì　*v.*　be independent; be on one's own

国家<u>独立</u>；宣布<u>独立</u>；<u>独立</u>完成；<u>独立</u>生活
国家<u>独立</u>才能自主发展。
她在努力实现经济<u>独立</u>。
儿子长大后已经<u>独立</u>生活好几年了。

199 **独特**　dútè　*adj.*　unique, special

内容<u>独特</u>；功能<u>独特</u>；<u>独特</u>的创造力；<u>独特</u>的地位
这个手机的样子十分<u>独特</u>。
他的作品在现代文学史上有着非常<u>独特</u>的地位。

200 **独自**　dúzì　*adv.*　alone, by oneself

我<u>独自</u>一人在国外过了这个春节。
子女都在外地，这个老人在农村<u>独自</u>生活。

◎ **速练**　Quick practice

一、先根据词语写拼音，再将词语和正确的英文释义连起来
Write Pinyin according to the words, and then match the words with the correct English definitions.

1. 地位 _____　A. address

2. 地址 _____　B. waver, shake

3. 典型 _____　C. power source

4. 独自 _____　D. typical example, model, representative; typical

5. 电源 _____　E. unique, special

6. 动摇 _____　F. be independent; be on one's own

7. 独立 _____　G. position, status

8. 独特 _____　H. alone, by oneself

二、选择合适的词语填空　Choose the right words and fill in the blanks.

（一）　　A.地方　　　B.典型　　　C.电源　　　D.动摇　　　E.地面

1. 虽然遇到（yùdào, meet）了各种困难，但是他的决心一点儿也没 ____ 。

2. 按一下儿左下方的 ____ ，电脑就可以打开了。

3. 这只是一个 ____ 性的规定，在其他城市应该不适用。

4. 他一走出来，我们就觉得他像一个 ____ 的大学教师的样子。

5. 今天太热了，外边 ____ 温度已经达到了60多度。

（二）　　A.点名　　　B.顶　　　C.豆腐　　　D.地位　　　E.电灯

1. 谁也不能代替她在我心中的 ____ 。

2. 老师 ____ 的时候，他还在楼下呢。

3. 他头上戴着一 ____ 黑色的帽子。

4. 老板，给我来两斤 ____ 。

5. 昨晚路两边的 ____ 不知道什么原因没有打开，我一个人走在路上有点儿害怕。

（三）　　A.定　　　B.独立　　　C.地下　　　D.电动车　　　E.冬季

1. 你已经长大了，该 ____ 了，不能总想着靠我们。

2. 经过多次开会讨论，我们 ____ 下了这个行动计划。

3. 很多北方人会在 ____ 到来的时候去南方暖和的地方过冬。

4. 当时建房子时没有设计 ____ 停车场，所以现在停车很困难。

5. 在中国，很多人骑 ____ 上下班。

（四）　　A.独特　　　B.地址　　　C.电梯　　　D.动画片　　　E.独自

1. 这种水果的味道很 ____ 。

2. 这是一部十分好看的国产（guóchǎn, domestic） ____ 。

3. 很多老楼都没有装 ____ ，对老人来说，上下楼很不方便。

4. 已经回国几年了，但他还经常想起在国外 ____ 旅行时的经历。

5. 在网上买东西得写清楚收件 ____ 。

三、选择合适的词语完成句子　Choose the right words to complete the sentences.

1. 我想给你寄一点儿茶叶，但是我不知道你们家的 ____ 。

　　A.地面　　　　B.地位　　　　C.地方　　　　D.地址

2. 在我们的努力下，王经理终于 ____ 同意了。

    A. 点名   B. 点头   C. 特点   D. 观点

3. ____ 坏了，我去超市买个新的换上吧。

    A. 电动车   B. 电梯   C. 电灯   D. 电源

4. 他从小就很 ____，很早就学会了洗衣、做饭，能很好地照顾自己。

    A. 独立   B. 独自   C. 独特   D. 单独

5. 管理制度的改变，____ 了他在这个公司的地位。

    A. 摆动   B. 行动   C. 发动   D. 动摇

第 11 单元　Unit 11

◎ **目标词语**　Target words

201. 堵	202. 堵车	203. 肚子	204. 度过	205. 锻炼
206. 对比	207. 对付	208. 对于	209. 多次	210. 多年
211. 多样	212. 多种	213. 恶心	214. 儿童	215. 而
216. 而是	217. 耳机	218. 二手	219. 发挥	220. 发票

◎ **速记**　Quick memory

201　**堵**　dǔ　*v.*　stop up, block

你堵着门，我们怎么进去啊？
我们家的卫生间又堵了，水冲不下去。

202　**堵车**　dǔ//chē　traffic jam

前面堵车了，我们换一条路走吧。
每天上下班时间，这条路都会堵车。

203　**肚子**　dùzi　*n.*　belly, stomach

妈妈，我肚子饿了。
爷爷的肚子看起来很大。
昨天晚上我肚子疼得厉害。

204　**度过**　dùguò　*v.*　spend

度过假期；度过一生
他在农村度过了自己的一生。
他们两个人度过了一段美好的日子。

205　**锻炼**　duànliàn　*v.*　take exercise; improve

锻炼身体；参加锻炼；坚持锻炼；锻炼能力
爷爷每天早上去公园跑步锻炼身体。
爸爸坚持参加体育锻炼已经有十几年了。
这两个月的实习锻炼了同学们的教学能力。

206　**对比**　duìbǐ

（1）*v.*　contrast
前后对比；新旧对比；大小对比；进行对比
只要前后一对比，就知道有哪些变化了。
老师们对比了一下儿，认为还是新教材更科学。

（2）*n.*　ratio
双方人数对比是一比二。

207 **对付** duìfu *v.* deal with, cope with; make do

对付坏人；对付检查；对付着穿；对付着用
他们已经想到了办法对付这些敌人。
这件衣服虽然旧了，但是还能对付着穿。

208 **对于** duìyú *prep.* about, concerning, with regard to

大家对于这件事的看法是一样的。
对于这次谈判，他还是非常有信心的。

209 **多次** duō cì many times

他曾多次访问中国。
这两年在比赛中他多次取得好成绩。

210 **多年** duō nián many years

他们全家已经搬走多年了。
多年的努力终于换来了今天的好成绩。

211 **多样** duōyàng *adj.* various, varied

形式多样；复杂多样
这些小说的写作风格多样。
市场需要的是多样化的产品。

212 **多种** duō zhǒng many kinds of

大海里生活着多种动物。
奶奶上午去超市购买了多种水果。

213 **恶心** ěxin

（1）*adj.* sick, disgusting
感到恶心；觉得恶心
那儿太脏、太恶心了！
可能是因为坐车的时间太久了，我现在感觉很恶心。
（2）*v.* disgust
他的行为真让我恶心！
你不要再说这样的话恶心我了！

214 **儿童** értóng *n.* children

1.2米以下的儿童不需要买票。
这家儿童医院在当地很有名。

215 **而** ér *conj.* and; but, whereas; so

他们的生活幸福而美好。
我女儿喜欢吃牛肉，而儿子喜欢吃猪肉。
医院不能因为病人交不起医疗（yīliáo, medical treatment）费而让他们回家。

216 **而是** ér shì but

她不是不喜欢这个礼物，而是觉得太贵了。
在困难面前，他没有低头，而是勇敢（yǒnggǎn, brave）地去面对。

217 **耳机**　ěrjī　*n.*　earphone, headphone

在公共场所听音乐，请戴上耳机。
这是我新买的耳机，声音效果特别好。

218 **二手**　èrshǒu　*adj.*　second-hand

二手房；二手车（èrshǒuchē，used car）
他们家才买了一套二手房。
这是一辆二手车，但是开起来跟新车一样。

219 **发挥**　fāhuī　*v.*　bring into play, develop an idea or a theme, etc.

发挥作用；发挥才能；发挥积极性；发挥得很好
我们要积极发挥科技在农业生产中的作用。
在昨天的比赛中，他没有发挥出应有的水平。

220 **发票**　fāpiào　*n.*　invoice

可以给我开一张发票吗？
我们会把电子发票发到您的邮箱。

◎ **速练**　Quick practice

一、先根据词语写拼音，再将词语和正确的英文释义连起来
Write Pinyin according to the words, and then match the words with the correct English definitions.

1. 堵车 ＿＿＿＿＿＿　　A. various, varied

2. 锻炼 ＿＿＿＿＿＿　　B. take exercise; improve

3. 对付 ＿＿＿＿＿＿　　C. spend

4. 多样 ＿＿＿＿＿＿　　D. bring into play, develop an idea or a theme, etc.

5. 恶心 ＿＿＿＿＿＿　　E. deal with, cope with; make do

6. 而是 ＿＿＿＿＿＿　　F. but

7. 发挥 ＿＿＿＿＿＿　　G. traffic jam

8. 度过 ＿＿＿＿＿＿　　H. sick, disgusting; disgust

二、选择合适的词语填空　Choose the right words and fill in the blanks.

（一）　A. 堵　　B. 对比　　C. 多样　　D. 而是　　E. 堵车

1. 这些活动形式 ＿＿＿＿，极大地丰富了学生们的学习生活。

2. 我的车被 ＿＿＿＿ 住了，不知道是谁把车停在了我的车前面。

3. 我们今天不是去了动物园，＿＿＿＿ 去了公园。

4. 麦克把两篇文章进行了 ＿＿＿＿。

5. 今天早上我遇到了 ＿＿＿＿，所以上学迟到了。

（二） A. 对付　　B. 多种　　C. 耳机　　D. 肚子　　E. 对于

1. 他们家宝宝胖胖的，长着一个小 ____。

2. 我又要照顾孩子，又要 ____ 考试，都快忙死了。

3. ____ 这个问题，我不想再回答了。

4. 在国外学习期间，他学会了 ____ 语言。

5. 很多年轻人喜欢一边走路，一边戴着 ____ 听音乐。

（三） A. 恶心　　B. 二手　　C. 度过　　D. 多次　　E. 儿童

1. 她在家乡 ____ 了一个开心的假期。

2. 我们曾 ____ 联系她，但是都没有成功。

3. 病人今天早上又开始 ____ 了。

4. 教师要注意保护 ____ 的好奇心（hàoqíxīn, curiosity）。

5. 你可以上这个 ____ 商品交易网站用很便宜的价格买到你喜欢的商品。

（四） A. 发挥　　B. 锻炼　　C. 多年　　D. 而　　E. 发票

1. 所有的人都应该自觉加强体育 ____。

2. 爸爸已经 ____ 不打网球了。

3. 她的表演自然 ____ 动人。

4. 请等一下儿，我们正在给您打印 ____。

5. 只有充分 ____ 自己的创造力，才能在设计上有创新。

三、选择合适的词语完成句子　Choose the right words to complete the sentences.

1. 今天早上我们 ____ 这里的时候，没有堵车。
　　A. 度过　　　　B. 通过　　　　C. 超过　　　　D. 经过

2. 他还是太年轻了，面对这样复杂的情况，不知道怎么 ____。
　　A. 对比　　　　B. 对付　　　　C. 对于　　　　D. 对待

3. 我们已经 ____ 没有联系了，今天接到她的电话，真是挺意外的。
　　A. 多次　　　　B. 多年　　　　C. 多样　　　　D. 多种

4. 听说她永远地离开了我们，我 ____ 了好一段时间。
　　A. 伤心　　　　B. 粗心　　　　C. 担心　　　　D. 恶心

5. 3D 打印技术在工业生产方面 ____ 了重要作用。
　　A. 发现　　　　B. 发动　　　　C. 发挥　　　　D. 发展

第 12 单元　Unit 12

◎ **目标词语　Target words**

221. 发烧	222. 法	223. 法官	224. 法律	225. 法院
226. 翻	227. 翻译	228. 烦	229. 反	230. 反而
231. 反映	232. 方	233. 方案	234. 方针	235. 放松
236. 非	237. 肥	238. 分布	239. 分散	240. 分手

◎ **速记　Quick memory**

221　发烧　fā//shāo　have a fever

这孩子又发烧了，现在38度5。
女儿这次感冒后，发了两天的高烧。

222　法　fǎ　*n.*　law; method

合法；商法；做法
你们的这种行为不合法，必须马上停止。
医生告诉了我这种药的用法。

223　法官　fǎguān　*n.*　judge

一位法官；当法官
张阿姨是一位法官。
他毕业以后当了法官。

224　法律　fǎlǜ　*n.*　law

一部法律；制定法律
法律是保护人民的武器。
他在大学时学的是法律专业。

225　法院　fǎyuàn　*n.*　(law) court

中级法院；高级法院；最高法院；人民法院
我哥哥在法院工作。
他是一名地方人民法院的院长。

226　翻　fān　*v.*　turn over; climb over; rummage, search; multiply; translate

他的车在高速公路上翻了，还好人没事儿。
翻过这面墙，就可以出去了。
他从床底下翻出来一本旧书。
这两年，他的工资翻了三倍。
这句话他翻得很准确。

227　翻译　fānyì

（1）*v.*　translate, interpret

他一生翻译了十多部外国小说。
你能不能把这句话翻译一下儿?
（2）*n.* translator, interpreter
他是经理的翻译。
我姐姐曾经当过翻译。

228 烦 fán

（1）*adj.* annoyed
他这两天心里很烦。
每天都做这些重复的工作，真是烦得很。
（2）*v.* bother; trouble
我正忙着呢，你别烦我了。
我想烦您帮我买一本书。

229 反 fǎn

（1）*adj.* inside-out; wrong
女儿的衣服穿反了。
你们走的方向反了，应该往北走，而不是往南。
（2）*v.* oppose
反食品浪费是一种社会责任。
（3）*adv.* on the contrary
爷爷退休以后，身体反没有工作时好了。
你把这支歌这样一改，反没有以前好听了。

230 反而 fǎn'ér *adv.* on the contrary, instead

雨不但没停，反而越下越大了。
孩子上了这个课以后，成绩没提高，反而还不如从前了。

231 反映 fǎnyìng

（1）*v.* reflect; report
反映现实生活；反映问题
这部电影真实地反映了现代城市人的生活。
王老师向学校反映了这几个学生的家庭情况。
（2）*n.* reflection
这是学生们想法的真实反映。
他写的这部小说是那个时代的一个反映。

232 方 fāng

（1）*adj.* square
那块木头是方的，可以用来做桌子。
这个机器人有一个方方的头。
（2）*n.* direction; side
东方；西方；对方；双方
太阳每天早上从东方升起来。
男方和女方在这件事情上都有责任。

233 方案 fāng'àn *n.* scheme, plan

教学方案；行动方案；设计方案；批准方案；反对方案

老师指出了我的教学方案的缺点。
学校开会讨论了他提出的这个方案。

234 **方针** fāngzhēn *n.* policy, guiding principle

国家的方针；教育方针；文化方针；制定方针；确定方针
国家制定了新的教育方针。
我们要积极落实（luòshí, carry out）政府的文化方针。

235 **放松** fàngsōng *v.* relax, loosen

精神放松；全身放松；放松管理
现在我们来做做运动，让全身放松一下儿。
我们可千万不能放松了对自己的要求。

236 **非** fēi *adv.* used to indicate willfulness/determination; simply must; un-

我不让他去，他非要去。
他这病太严重了，非得住院不可。
我们两家公司建立了非同一般的全面合作关系。

237 **肥** féi *adj.* fat; loose and large; fertile

女儿不喜欢吃肥肉。
这条裙子太肥了。
这里的黑土地很肥。

238 **分布** fēnbù *v.* distribute

人口分布；学校分布
城市周围分布着一些村子。
大商场主要分布在这个城市的南部地区。

239 **分散** fēnsàn

（1）*v.* scatter; distract
他们一到操场就被分散开来了。
宝宝一直在哭，我们得想个办法分散他的注意力。
（2）*adj.* scattered
这个村子的人住得很分散。
大家可以分散活动，去看自己喜欢的东西。

240 **分手** fēn//shǒu say goodbye; break up

上午十点，我和他在车站分手后就回了学校。
她是去年五月和男朋友分的手。

◎ 速练　Quick practice

一、先根据词语写拼音，再将词语和正确的英文释义连起来
Write Pinyin according to the words, and then match the words with the correct English definitions.

1. 发烧 _____　　　A. on the contrary, instead

2. 反而 _____　　　B. policy, guiding principle

3. 反映 _____　　　C. distribute

4. 方案 _____　　　D. scatter; distract; scattered

5. 方针 _____　　　E. reflect; report; reflection

6. 放松 _____　　　F. have a fever

7. 分布 _____　　　G. relax, loosen

8. 分散 _____　　　H. scheme, plan

二、选择合适的词语填空　Choose the right words and fill in the blanks.

（一）　　A. 发烧　　B. 翻　　C. 反映　　D. 非　　E. 法

1. 这个产品要想卖得好，____ 要提高质量不行。

2. 她 ____ 已经有三天了。

3. 咱们村里只有他懂 ____，听听他怎么说。

4. 小李帮我把这篇文章 ____ 成了英文。

5. 这个问题我们已经 ____ 了多次，但是你们都没解决。

（二）　　A. 翻译　　B. 方　　C. 肥　　D. 法官　　E. 烦

1. 这只小猪长得可真 ____。

2. 张 ____ 今年四十岁，有十多年的工作经验了。

3. 我最 ____ 他，有事儿没事儿都来找我。

4. 王老师对他 ____ 的文章不太满意。

5. 我 ____ 选手赢得了这场比赛。

（三）　　A. 方案　　B. 分布　　C. 法律　　D. 反　　E. 方针

1. 我们公司的分公司在各个中小城市都有 ____。

2. 我们学校按照国家的教育 ____ 进行教学方法改革（gǎigé, reform）。

3. ____ 规定禁止（jìnzhǐ, prohibit）向十八岁以下的人出售烟酒。

4. 很多小孩子都喜欢说 ____ 话。

5. 公司领导没有批准他们的设计 ____。

（四）　　A. 分散　　B. 法院　　C. 反而　　D. 放松　　E. 分手

1. 女朋友和他 ____ 了，他非常伤心。

2. 大学毕业后，同学们 ____ 在全国各地。

3. 正是因为在思想上 ____ 了，所以在行动上才会出问题。

4. 他们请求 ____ 进行调查。

5. 奶奶吃了这种药，病不仅没好，____ 更严重了。

三、选择合适的词语完成句子　Choose the right words to complete the sentences.

1. 他们现在正在进行的交易明显是不 ____ 的。
   A. 法官　　B. 法院　　C. 法律　　D. 合法

2. 当他听说这个消息时，____ 非常激烈（jīliè, fierce）。
   A. 反而　　B. 反映　　C. 反应　　D. 反复

3. 你的这个研究 ____ 还不太完善，需要进一步修改。
   A. 方案　　B. 方针　　C. 方向　　D. 方面

4. 这是一座让人非常 ____ 的城市，每个人在这儿都能找到自己生存的方式。
   A. 开放　　B. 放松　　C. 放心　　D. 播放

5. 他和妻子是和平 ____ 的，既没有吵架，也没有闹（nào, make a fuss）到法院。
   A. 分布　　B. 分手　　C. 分散　　D. 分别

第13单元　Unit 13

◎ **目标词语**　Target words

241. 分为	242. ……分之……	243. 纷纷	244. 奋斗	245. 风格
246. 风景	247. 风俗	248. 封闭	249. 否则	250. 夫妇
251. 夫妻	252. 夫人	253. 符号	254. 符合	255. 付出
256. 负担	257. 附近	258. 复制	259. 改善	260. 改正

◎ **速记**　Quick memory

241　分为　fēnwéi　divide...into...

这篇文章可以分为三个部分。
有的地方把学校分为重点学校和非重点学校，这种做法是不对的。

242　……分之……　...fēn zhī...　indicating a fraction

他们卖掉了手上百分之九十的财产。
这个学校有五分之二的学生来自农村。

243　纷纷　fēnfēn

（1）*adv.*　one after another, in succession
同学们纷纷举手回答老师的问题。
大家纷纷祝贺（zhùhè, congratulate）李阳取得了这次比赛的胜利。
（2）*adj.*　numerous and confused
大雪纷纷，一下就是一天一夜。
人们对他们两个人的关系议论（yìlùn, discussion）纷纷。

244　奋斗　fèndòu　*v.*　struggle, fight, strive

他一直在为实现自己的理想而奋斗。
只要努力奋斗下去，就一定能取得成功。

245　风格　fēnggé　*n.*　style

我特别喜欢这位作家的写作风格。
简单幽默（yōumò, humorous）是他的语言风格。

246　风景　fēngjǐng　*n.*　landscape, scenery

这个公园的风景十分美丽。
他一边看风景，一边拍照。

247　风俗　fēngsú　*n.*　custom

中国很多地方有过年吃饺子的风俗。
到了国外，首先要了解当地的风俗习惯。

248 **封闭** fēngbì

（1）*v.* close, seal
火车站南广场从十月二十日起封闭。
因为雪下得太大了，警察封闭了这段高速公路。
（2）*adj.* closed
封闭的市场；封闭的环境
这是一个完全封闭的房间。
认识这些新朋友以后，他才从以前那种封闭的生活状态中走了出来。

249 **否则** fǒuzé *conj.* or else

喝酒了可千万别开车，否则会很危险。
你一定要在八点前上地铁，否则一定会迟到的。

250 **夫妇** fūfù *n.* husband and wife, couple

这对年轻夫妇都在大学里当老师。
他们夫妇的感情特别好，从来没见他们吵过架。

251 **夫妻** fūqī *n.* husband and wife, couple

一对夫妻；结为夫妻
这对小夫妻特别热情。
他们结为夫妻已经有十几年了。

252 **夫人** fū·rén *n.* wife; lady, Mrs.

您夫人已经到了，在左手边第一个房间。
王夫人在国外留过学。

253 **符号** fúhào *n.* mark, symbol

这个符号表示这句话是对的。
这本书中有很多符号，我不明白是什么意思。

254 **符合** fúhé *v.* accord with, conform to

符合标准；符合实际；符合条件
这批产品的质量不符合我们的要求。
我反对，因为他说的话不符合事实。

255 **付出** fùchū *v.* spend a lot of time or make a lot of effort (doing sth.)

付出时间；付出精力；付出努力
她付出了全部时间来照顾两个孩子。
为了保证这项工作按时完成，他们付出了巨大的努力。

256 **负担** fùdān

（1）*v.* bear, shoulder
负担学费；由……负担
别担心，公司会负担你的学费。
他的费用都由自己负担。
我们这次参加培训（péixùn, training）的费用由单位负担。

（2）n. burden
思想负担；精神负担；经济负担；家庭负担；负担很重
他上有老，下有小，家庭负担很重。
这次比赛你别有负担，正常发挥就行。

257 附近　fùjìn　n.　(in the) vicinity (of)

他就住在附近。
学校附近没有银行。

258 复制　fùzhì　v.　duplicate, replicate

这画儿一看就是复制的。
这条经验我们可以复制推广来帮助更多的人。

259 改善　gǎishàn　v.　improve, make better

改善生活；改善环境；改善待遇
在这次谈话后，他和妻子的关系有了很大的改善。
政府会在两年内制定措施改善当地居民（jūmín，resident）的生活环境。

260 改正　gǎizhèng　v.　correct

改正缺点；改正错误
发现错误及时改正就好了。
我把写错的字都改正了，每个字又多写了三遍。

◎ 速练　Quick practice

一、先根据词语写拼音，再将词语和正确的英文释义连起来
Write Pinyin according to the words, and then match the words with the correct English definitions.

1. 纷纷 ＿＿＿＿＿＿　　A. (in the) vicinity (of)

2. 奋斗 ＿＿＿＿＿＿　　B. custom

3. 附近 ＿＿＿＿＿＿　　C. accord with, conform to

4. 风俗 ＿＿＿＿＿＿　　D. or else

5. 否则 ＿＿＿＿＿＿　　E. improve, make better

6. 符合 ＿＿＿＿＿＿　　F. struggle, fight, strive

7. 负担 ＿＿＿＿＿＿　　G. bear, shoulder; burden

8. 改善 ＿＿＿＿＿＿　　H. one after another, in succession; numerous and confused

二、选择合适的词语填空　Choose the right words and fill in the blanks.

（一）　A. 分为　　B. 风景　　C. 夫妻　　D. 负担　　E.……分之……

1. 不要有思想 ＿＿＿，有什么问题我们可以一起商量解决。

2. 他们 ____ 二人共同努力，把生意越做越大。

3. 这些书可以 ____ 三类。

4. 今年我们的收入增加了三 ____ 一。

5. 这里的 ____ 美极了！

（二）　　A. 风俗　　B. 夫人　　C. 附近　　D. 纷纷　　E. 封闭

1. 我们家 ____ 有一家大超市。

2. 那位 ____ 想知道这条裙子有没有蓝色的。

3. 人们对当地的环境保护问题 ____ 提出建议。

4. 这个村子还保留着一些特殊的 ____ 。

5. 情况紧急，我们需要马上 ____ 所有的出入口。

（三）　　A. 符号　　B. 复制　　C. 奋斗　　D. 否则　　E. 符合

1. 他把这幅（fú, a measure word for cloth, pictures, scrolls, etc.）画儿又重新 ____ 了一份。

2. 不 ____ 条件的学生不能进入这所大学学习。

3. 文字是记录语言的 ____ 。

4. 他肯定是遇到了什么麻烦，____ 不会不来的。

5. 他在这座城市 ____ 了十几年，终于有了自己的家。

（四）　　A. 改善　　B. 风格　　C. 夫妇　　D. 付出　　E. 改正

1. 请大家把作文里写错的字 ____ 过来。

2. 我在上大学时，每两周去学校外边吃一次饭 ____ 一下儿生活。

3. 为了通过这个重要的考试，他 ____ 了所有的时间。

4. 在中国，一对 ____ 现在可以生三个孩子。

5. 他们家的家具都是中国传统 ____ 的。

三、选择合适的词语完成句子　Choose the right words to complete the sentences.

1. 我今天取得的所有成绩和我父母的 ____ 是分不开的。

　　A. 付　　　　B. 支付　　　　C. 对付　　　　D. 付出

2. 长江上的每一座大桥都有自己的 ____ 。

　　A. 风险　　　B. 风格　　　　C. 风景　　　　D. 风俗

3. 我现在真的没有 ____ 去你们家看病人，等下班以后可以吗？

    A. 大夫　　　　B. 功夫　　　　C. 工夫　　　　D. 夫妻

4. 你只需要帮我把这几张照片 ____ 一下儿就可以了。

    A. 复制　　　　B. 复习　　　　C. 复杂　　　　D. 重复

5. 他们打算下个月开始对这座房屋进行 ____ 。

    A. 改进　　　　B. 改正　　　　C. 改变　　　　D. 改造

第 14 单元　Unit 14

◎ 目标词语　Target words

261. 盖	262. 概括	263. 感兴趣	264. 高潮	265. 高价
266. 高尚	267. 高铁	268. 格外	269. 隔	270. 隔开
271. 个别	272. 个体	273. 各个	274. 根	275. 根据
276. 工程	277. 公元	278. 供应	279. 共	280. 构成

◎ 速记　Quick memory

261 **盖**　gài　*v.*　cover; build

晚上睡觉要盖好被子，不然会感冒的。
教学楼已经盖好了。

262 **概括**　gàikuò

（1）*v.*　summarize, generalize
请同学们把这篇文章的中心思想概括出来。
刚才大家都谈了自己的看法，我概括了一下儿，主要集中在三个方面。
（2）*adj.*　brief and to the point
他把这个故事概括地跟我讲了讲。
院长刚才讲得很概括，现在我再补充一些具体问题。

263 **感兴趣**　gǎn xìngqù　be interested in

他对中国历史很感兴趣。
女儿对这本故事书非常感兴趣。

264 **高潮**　gāocháo　*n.*　high tide; climax

小说的高潮；形成高潮；进入高潮
这条船是在高潮时出海的。
这部小说有两个高潮部分。

265 **高价**　gāojià　*n.*　high price

他以高价购买了这辆汽车。
这家商场里卖的都是高价商品。

266 **高尚**　gāoshàng　*adj.*　noble

医生是一种很高尚的职业。
他是一个很高尚的人，为了救人付出了生命。

267 **高铁**　gāotiě　*n.*　high-speed railway

在中国，坐高铁去旅行是非常方便的。
从武汉坐高铁去北京只要四五个小时。

268 **格外** géwài *adv.* especially, extraordinarily

今天的天空格外蓝。
你穿这身衣服格外好看。

269 **隔** gé *v.* partition, separate; be at a distance from, be after or at an interval of

他们把大房间隔成了两个小房间。
这两个城市之间只隔一条河。
北京和上海相隔一千多公里。
他和女朋友隔一个星期见一次面。

270 **隔开** gékāi *v.* partition, separate

这两个省被一个湖隔开。
没有什么可以把他们两个人隔开。

271 **个别** gèbié

（1）*adj.* very few, one or two
这只是个别情况。
今天的会议只有个别人没参加。
（2）*adv.* individually
个别处理；个别谈话
下课后，老师跟麦克进行了个别谈话。
我们对有需要的学生进行了个别辅导（fǔdǎo, give guidance in study or training, tutor）。

272 **个体** gètǐ *n.* individuality, individual

国家大力支持个体经济的发展。
我们不再是一个个的个体，而是一个集体。

273 **各个** gègè

（1）*pron.* each
各个国家；各个方面
各个国家都有自己的风俗习惯。
他走遍了这座城市的各个地方。
（2）*adv.* one by one
我们要团结在一起，避免被敌人各个击破（jīpò, defeat）。

274 **根** gēn

（1）*m.* a measure word for strip-like things
一根手指；一根烟；两根筷子
我的筷子少了一根。
（2）*n.* root; origin
这种植物的根非常长。
我们得从根上解决这个问题。

275 **根据** gēnjù

（1）*v.* base on
你们这样做是根据什么？

不给他发毕业证根据的是学校的规定。
（2）prep. according to
我根据刘老师的建议重新修改了这篇文章。
根据天气预报，明天上午有大雨。
（3）n. basis
她找到了三条根据。
话不能乱说，要有根据。

276 **工程** gōngchéng *n.* engineering, project

他学的专业是电子工程。
长城是一个伟大的人类工程。

277 **公元** gōngyuán *n.* Christian era

这件事发生在公元622年。
孔子（Kǒngzǐ, Confucius）出生于（yú, in）公元前551年。

278 **供应** gōngyìng *v.* supply, provide

比赛选手喝的纯净水由我们公司负责供应。
只有农业发展得好，才能保证有足够的食品供应。

279 **共** gòng *adv.* altogether, in all; together

我们学校共有一千多名学生。
明天晚上我要和李校长共进晚餐。

280 **构成** gòuchéng *v.* constitute, make up, consist of

这个句子是由五个词语构成的。
这个汉字由上下两个部分构成。

◎ 速练 Quick practice

一、先根据词语写拼音，再将词语和正确的英文释义连起来
Write Pinyin according to the words, and then match the words with the correct English definitions.

1. 供应 _____   A. noble

2. 概括 _____   B. summarize, generalize; brief and to the point

3. 构成 _____   C. very few, one or two; individually

4. 高尚 _____   D. constitute, make up, consist of

5. 格外 _____   E. partition, separate

6. 隔开 _____   F. supply, provide

7. 个别 _____   G. base on; according to; basis

8. 根据 _____   H. especially, extraordinarily

二、选择合适的词语填空　Choose the right words and fill in the blanks.

（一）　　A. 盖　　　B. 高尚　　　C. 个别　　　D. 工程　　　E. 概括

1. 完成这个大 ____ 需要花四五年的时间。

2. 你的方案非常好，但也还存在 ____ 问题。

3. 他回到家乡 ____ 了一座三层小楼。

4. 在论文（lùnwén，thesis）的最后一个部分，作者通常会 ____ 一下儿结论。

5. 人们都被她这种 ____ 的行为感动了。

（二）　　A. 高铁　　　B. 个体　　　C. 公元　　　D. 感兴趣　　　E. 格外

1. 这个事件发生在 ____ 前207年。

2. 集体是由 ____ 构成的。

3. 他现在只对画画儿 ____ 。

4. ____ 的速度比普通火车快得多。

5. 下雪天开车一定要 ____ 小心。

（三）　　A. 各个　　　B. 供应　　　C. 高潮　　　D. 隔　　　E. 根

1. 现在市场上的食品 ____ 比以前丰富得多。

2. 她已经在 ____ 方面超过了我们。

3. 我 ____ 两天再去找他吧。

4. 这两节是整部小说的 ____ 部分。

5. 我的筷子掉了一 ____ ，麻烦再给我拿一双新的。

（四）　　A. 共　　　B. 高价　　　C. 隔开　　　D. 根据　　　E. 构成

1. 远山、绿水、牛羊，这些景物在一起 ____ 了一幅美丽的图画。

2. 今天我们 ____ 卖出了五辆汽车。

3. 我们 ____ 上级领导的意见又设计了一个新的方案。

4. 很多人愿意出 ____ 买他的作品。

5. 这面高墙把两个国家 ____ 了很多年。

三、选择合适的词语完成句子　Choose the right words to complete the sentences.

1. 他用三个词准确地 ____ 了这位作家的作品风格。

　　A. 概括　　　　B. 包括　　　　C. 大概　　　　D. 概念

2. 比赛已经进入了____，全场观众都十分激动（jīdòng，excited）。
    A. 高尚   B. 高价   C. 高潮   D. 高铁
3. 家长给孩子报名上艺术培训班并不是____现象。
    A. 整个   B. 个别   C. 各个   D. 个体
4. 一个月以后，学校才会把毕业____寄给学生。
    A. 资格   B. 根据   C. 根本   D. 证明
5. 只有先通过这个测试，才能获得参加比赛的____。
    A. 格外   B. 合格   C. 资格   D. 风格

第 15 单元　Unit 15

◎ 目标词语　Target words

281. 构造	282. 购买	283. 购物	284. 骨头	285. 固定
286. 瓜	287. 怪	288. 关	289. 关闭	290. 关于
291. 官	292. 官方	293. 光临	294. 光盘	295. 逛
296. 归	297. 规律	298. 规模	299. 规则	300. 果实

◎ 速记　Quick memory

281　构造　gòuzào　*n.*　structure, construction

汉字的构造；句子的构造；内部构造；构造简单；构造复杂
这个句子的构造十分复杂。
这座大楼的构造非常独特。

282　购买　gòumǎi　*v.*　purchase, buy

他花了十几万元购买了这辆小汽车。
我们需要购买三张到北京的飞机票。

283　购物　gòuwù　*v.*　(go) shopping

市中心有好几家大型购物中心。
我和女朋友经常去那个大商场购物。

284　骨头　gǔtou　*n.*　bone

小狗最喜欢吃骨头。
医生说了，骨头没事，放心吧。

285　固定　gùdìng

（1）*adj.*　fixed, regular
固定的时间；固定的收入；固定的地方
我有时候会有一些不固定收入。
固定的生活有时会让人觉得单调。
（2）*v.*　fix, regularize
我建议你把上课的时间固定下来。
他不愿意把自己固定在一份工作上。

286　瓜　guā　*n.*　any kind of melon or gourd

你这个瓜要不要切（qiē, cut）开？
夏天人们最喜欢吃的瓜是西瓜（xī·guā, watermelon）。

287　怪　guài

（1）*adj.*　strange, odd
怪事；怪人；怪现象

我遇到了一件怪事。
他喜欢出怪题考学生。
（2）adv.　　very, quite
朋友们都离开了，我的心里怪难受的。
我和她昨天才吵了一架，今天就要去求她，真的怪不好意思的。

288　**关**　　guān　　n.　　pass; custom house; barrier

这是长城上的一个重要关口。
所有的出口商品都必须办理出关手续。
到国外留学，不仅要过语言关，还要过生活关。

289　**关闭**　　guānbì　　v.　　close, shut

政府关闭了这些不合法的地下工厂。
我们到的时候，商店的大门已经关闭了。

290　**关于**　　guānyú　　prep.　　on, about

关于这件事，你有什么看法？
他写过一本关于城市打工者的书。

291　**官**　　guān　　n.　　official, officer

当官；做官
当官就是要为老百姓做事的。
他是一个地方官。

292　**官方**　　guānfāng　　n.　　official, (of or by) the government

普通话是中国的官方语言。
他们是中国派出的官方代表。

293　**光临**　　guānglín　　v.　　be present, attend

欢迎光临，请问几位？
感谢您光临我们商场购物！

294　**光盘**　　guāngpán　　n.　　Compact Disk

一张光盘；取出光盘；播放光盘
请把光盘从电脑里取出来。
她买了这位歌星出的所有光盘。

295　**逛**　　guàng　　v.　　stroll, roam

逛街；逛公园；逛商店；逛超市
我妈妈很喜欢逛商场。
晚饭后，我们去附近的公园逛了逛。

296　**归**　　guī

（1）v.　　return; belong to
他工作太忙了，经常早出晚归。
女儿一夜未归，妈妈担心极了。
这些衣服归你，那些归我。

（2）*prep.* in (sb.'s charge)
这件事归你负责。
这项工作不归我管。

297 **规律** guīlǜ *n.* law, rule

历史规律；市场规律；客观规律；寻找规律
人类不能改变自然规律，只能合理利用。
1、3、5、7、9……，你能找到这些数字的规律吗？

298 **规模** guīmó *n.* scale

新厂建成后比现在的规模大一倍。
下个星期六我们要举行一个小规模的代表会议。

299 **规则** guīzé

（1）*n.* regulation
交通规则；游戏规则；制定规则
这个游戏规则太复杂了，我记不住。
所有的选手都要按比赛规则进行比赛。
（2）*adj.* regular
很规则；不规则
这里的房屋设计得都很规则。
你认真观察一下儿就能发现他走的路线非常规则。

300 **果实** guǒshí *n.* fruit; gains

秋天到了，树上的果实成熟了。
大家要团结起来保护我们的胜利果实。

◎ **速练** Quick practice

一、先根据词语写拼音，再将词语和正确的英文释义连起来
Write Pinyin according to the words, and then match the words with the correct English definitions.

1. 构造 _____ A. fixed, regular; fix, regularize

2. 购物 _____ B. structure, construction

3. 固定 _____ C. regulation; regular

4. 关闭 _____ D. law, rule

5. 规则 _____ E. official, (of or by) the government

6. 官方 _____ F. be present, attend

7. 光临 _____ G. close, shut

8. 规律 _____ H. (go) shopping

二、选择合适的词语填空　Choose the right words and fill in the blanks.

（一）　　A. 构造　　　B. 固定　　　C. 关　　　D. 官方　　　E. 购买

1. 学院为每位老师都 ____ 了一台电脑。

2. 要写好汉字，首先要了解汉字的 ____。

3. 他妻子还没有找到 ____ 的工作。

4. 病人只要过了这一 ____，手术就成功了。

5. 他们这次行动得到了 ____ 的支持。

（二）　　A. 瓜　　　B. 关闭　　　C. 光临　　　D. 购物　　　E. 怪

1. 网上 ____ 越来越受欢迎。

2. 明天晚上七点在体育场举行新春晚会，欢迎各位老师 ____。

3. 我们今年没种 ____，种了白菜。

4. 今年的天气太 ____ 了，以前这个时候早下雪了，现在却还这么热。

5. 公司决定 ____ 广州的办事处。

（三）　　A. 关于　　　B. 光盘　　　C. 骨头　　　D. 官　　　E. 逛

1. 我不是什么 ____，我是为人民服务的。

2. 他和女朋友在这个小城里 ____ 了一下午。

3. 我的笔记本电脑不能播放 ____。

4. 这家饭店的牛 ____ 汤非常好喝。

5. 这个会议的主题是 ____ 环境保护的。

（四）　　A. 归　　　B. 规模　　　C. 果实　　　D. 规律　　　E. 规则

1. 两年以后，这棵树终于长出了 ____。

2. 同学们共同制定了班级管理 ____。

3. 这个工程的 ____ 超过了以前所有的类似工程。

4. 咱们要是离婚的话，孩子 ____ 我，房子 ____ 你。

5. 冬去春来是一种自然 ____。

三、选择合适的词语完成句子　Choose the right words to complete the sentences.

1. 这几座大楼从外面看是一样的，但是内部 ____ 却完全不同。

　　A. 构造　　　　B. 创造　　　　C. 制造　　　　D. 改造

2. 大会讨论的是和每个人的生活都 ____ 的问题。
   A. 关于   B. 关闭   C. 相关   D. 关注

3. 我们永远不会忘记，是他为我们带来了 ____。
   A. 光明   B. 光临   C. 光盘   D. 不光

4. 在他的带领下，小组成员都取得了大量 ____。
   A. 果实   B. 水果   C. 效果   D. 成果

5. 他的生活 ____ 是每天晚饭后会去散半个小时步，这么多年从来没变过。
   A. 规则   B. 规定   C. 规律   D. 规范

第16单元　Unit 16

◎ **目标词语**　Target words

301. 过分	302. 海水	303. 海鲜	304. 含	305. 含量
306. 含义	307. 含有	308. 寒假	309. 寒冷	310. 行业
311. 航班	312. 航空	313. 毫米	314. 毫升	315. 好友
316. 号码	317. 好	318. 合同	319. 黑暗	320. 红包

◎ **速记**　Quick memory

301　**过分**　guò//fèn　excessive, too much

过分热情；过分客气；要求过分；行为过分
你这个玩笑开得太过分了！
很多病人过分相信这种药的效果。
她因为过分紧张，考试的时候什么都记不起来了。

302　**海水**　hǎishuǐ　*n.*　seawater

你的身上都是海水，快去洗个澡吧。
这片海水的温度很低，不适合游泳。

303　**海鲜**　hǎixiān　*n.*　seafood

这座小城在海边，海鲜又多又便宜。
今天过节，妈妈打算中午给我们做海鲜吃。

304　**含**　hán　*v.*　have sth. in the mouth; contain; nurse, harbor

这孩子总是把饭含在嘴里不吃。
这种水果不含什么糖，老人也可以吃。
他的心里含着很多不满，但没有说出来。

305　**含量**　hánliàng　*n.*　content

新产品中增加了铁的含量。
这种食物中糖的含量过高，不能多吃。

306　**含义**　hányì　*n.*　meaning, implication

含义深刻；理解含义
这个词的含义非常丰富。
我不明白他说这句话的含义是什么。

307　**含有**　hányǒu　*v.*　contain

这件大衣含有60%的羊毛。
他的话里含有批评我的意思。

| 308 | 寒假 | hánjià | n. | winter vacation |

今年寒假,我打算回国看父母。
还有一个月学校就要放寒假了。

| 309 | 寒冷 | hánlěng | adj. | cold |

天气寒冷;气候寒冷
这种动物只生活在中国西北部非常寒冷的山地地区。
虽然是冬天,但他们在寒冷的河水中却游得特别开心。

| 310 | 行业 | hángyè | n. | industry |

食品行业;运输行业
他从事服务行业已经有十年了。
这几年,中国的互联网行业发展很快。

| 311 | 航班 | hángbān | n. | (scheduled) flight |

国际航班;国内航班
由于天气不好,今天有50多个航班都取消了。
请问,从北京去上海的MF8555次航班几点起飞?

| 312 | 航空 | hángkōng | v. | make a flight |

航空事业;航空运输;航空部门
我们非常重视航空安全。
这架飞机是中国国际航空公司的。

| 313 | 毫米 | háomǐ | m. | millimeter |

1米等于1000毫米。
你们的计算必须准确,差1毫米都不行。

| 314 | 毫升 | háoshēng | m. | milliliter |

1升等于1000毫升。
这个杯子可以装400毫升水。

| 315 | 好友 | hǎoyǒu | n. | good friend |

我相信他会成为我一生的好友。
老王不在家,他出门去见一位好友了。

| 316 | 号码 | hàomǎ | n. | number |

小王的房间号码是326。
你的电话号码太长了,我记不住。

| 317 | 好 | hào | v. | like; be liable to |

好吃;好看书;好开玩笑;好生病;好哭;好忘事
他是一个非常好学的学生。
这个孩子好表现自己。
一到冬天,她就好感冒。

318 合同 hé·tóng *n.* contract

这份合同是双方共同制定的。
在双方都同意的情况下，才可以修改合同内容。

319 黑暗 hēi'àn *adj.* dark

停电后房间里一片黑暗。
知识是黑暗中的明灯，能给人带来希望。

320 红包 hóngbāo *n.* red envelope containing money (usually given privately as a gift)

明天好友结婚，我要送他一个大红包。
每年过年，爷爷奶奶都会给我一个红包。

◎ **速练** Quick practice

一、先根据词语写拼音，再将词语和正确的英文释义连起来
Write Pinyin according to the words, and then match the words with the correct English definitions.

1. 过分 _____   A. contract
2. 海鲜 _____   B. winter vacation
3. 含量 _____   C. excessive, too much
4. 寒假 _____   D. dark
5. 航空 _____   E. content
6. 毫升 _____   F. make a flight
7. 合同 _____   G. milliliter
8. 黑暗 _____   H. seafood

二、选择合适的词语填空   Choose the right words and fill in the blanks.

（一）   A.过分   B.海鲜   C.含量   D.寒假   E.航空

1. 那位科学家需要计算一下儿这个东西里铁的准确 ____。
2. 开学以后，老师就要检查你的 ____ 作业了，你做完了吗？
3. 他只是个孩子，你对他的要求别太 ____ 了。
4. 这家公司的 ____ 技术非常先进。
5. 到那儿以后，我最想做的事就是找一家餐馆，一边喝啤酒，一边吃 ____。

（二）   A.海水   B.含   C.寒冷   D.红包   E.黑暗

1. 他们在 ____ 的冬天到来前会准备好食物。
2. 这种鱼离开了 ____ 就不能活下去。

3. 医生让我把这种药放在嘴里 ____ 一会儿。

4. 我们都喜欢光明，不喜欢 ____。

5. 我在手机上给你发了一个 ____，你快点儿打开看看。

（三）　　A. 毫米　　B. 好　　C. 好友　　D. 号码　　E. 含有

1. 这种水果中 ____ 大量的糖，吃多了对身体不好。

2. 第二次测量的结果比第一次测量的多了 5____。

3. 人老了，就是 ____ 忘事。

4. 他去机场迎接一位多年不见的 ____ 了。

5. 我还要记一下儿你的发票 ____。

（四）　　A. 含义　　B. 航班　　C. 毫升　　D. 行业　　E. 合同

1. 毕业后，他们在不同的 ____ 工作，现在都取得了好成绩。

2. 我准备坐明天 9 点的 ____ 去北京。

3. 这份 ____ 规定你们必须在 3 月 20 日前搬走。

4. 我女儿每天早上要喝 200____ 牛奶。

5. 虽然老师已经讲过了，但是很多同学还是没有理解这篇文章的 ____。

三、选择合适的词语完成句子　Choose the right words to complete the sentences.

1. 我们这个月的收入 ____ 了上个月。
　　A. 过分　　　B. 充分　　　C. 超过　　　D. 过程

2. 他们家离大海很近，他是吃着 ____ 长大的。
　　A. 海边　　　B. 海关　　　C. 海水　　　D. 海鲜

3. 我知道他的这句话 ____ 着对我的信任。
　　A. 包含　　　B. 含量　　　C. 含义　　　D. 含有

4. 王经理这个星期在 ____ 呢，你下周一再来找他吧。
　　A. 假期　　　B. 请假　　　C. 休假　　　D. 寒假

5. 你千万不要满足他的这些不 ____ 要求。
　　A. 合格　　　B. 合同　　　C. 合作　　　D. 合理

第17单元　Unit 17

◎ **目标词语**　Target words

321. 后头	322. 厚	323. 呼吸	324. 忽视	325. 户
326. 护士	327. 花	328. 划（huá, v.）	329. 划（huà, v.）	330. 怀念
331. 怀疑	332. 缓解	333. 黄瓜	334. 黄金	335. 回复
336. 汇	337. 汇报	338. 汇率	339. 婚礼	340. 火

◎ **速记**　Quick memory

321　**后头**　hòutou　*n.*　(at the) back, (in the) rear

他喜欢坐在教室后头。
他们在前边走，一只小狗跟在他们后头。

322　**厚**　hòu　*adj.*　thick

地上的雪有两尺厚。
他的脸皮也太厚了吧！
天冷了，该换上厚衣服了。

323　**呼吸**　hūxī　*v.*　breathe

呼吸困难；呼吸正常
人在水里不能呼吸。
病人的呼吸又加快了。

324　**忽视**　hūshì　*v.*　ignore

忽视人才；忽视环境
不能忽视对孩子的安全教育。
他们忽视了这个小问题，所以才导致了现在这样的状况。

325　**户**　hù　*m.*　a measure word for households

有两户已经搬走了。
这座楼里住了十户人。

326　**护士**　hùshi　*n.*　nurse

我姐姐在市医院当护士。
那位护士打针一点儿也不疼。

327　**花**　huā　*adj.*　colored; blurred

他家养了一只可爱的小花猫。
市场里漂亮的衣服太多了，我的眼睛都看花了。

328　**划**　huá　*v.*　paddle; scratch

划船；划破了手

她游泳的时候划水的速度比别人快得多。
她的手被纸划破了。

329 **划** huà v. allocate; transfer; cross out

这几个小组划给你管了。
我收到公司划给我的钱了。
他用笔把那个多的词划掉了。

330 **怀念** huáiniàn v. miss, cherish the memory of

怀念家乡；怀念好友
他对那个时代充满了怀念。
虽然身在国外，但是他的心时刻怀念着故乡。

331 **怀疑** huáiyí v. doubt, suspect

没有人怀疑你的能力。
警察怀疑是他开走了那辆白色的车。

332 **缓解** huǎnjiě v. relieve

这种药可以缓解病人的紧张。
这条路建成以后大大缓解了这里的交通问题。

333 **黄瓜** huáng·guā n. cucumber

妈妈去超市买了两根黄瓜。
哥哥喜欢把生黄瓜当水果吃。

334 **黄金** huángjīn n. gold

一两黄金；一克黄金
人们在那里发现了黄金。
今天黄金的价格是每克430元。
早上是一天中学习的黄金时间。

335 **回复** huífù v. reply

我给他写了三封信，但是他都没有回复。
过了半天，他才回复了一句："我也不知道。"

336 **汇** huì v. remit; converge

他刚去银行给妈妈汇了2000块钱。
十几条小河汇在一起，成了一条大河。

337 **汇报** huìbào

（1）v. report
汇报工作；汇报情况；汇报思想
他向学校领导汇报了这一年的工作情况。
王老师向家长们汇报了各自孩子的学习成绩。
（2）n. report
写汇报；听汇报
这份汇报的内容非常全面。
李校长认真地听取（tīngqǔ, listen to）了各学院院长的工作汇报。

338 汇率 huìlǜ *n.* exchange rate

今天美元换人民币的汇率是多少？
影响汇率的因素（yīnsù，factor）有很多。

339 婚礼 hūnlǐ *n.* wedding

你们什么时候举行婚礼？
昨天小王去参加了朋友的婚礼。

340 火 huǒ *adj.* popular

最近这支歌非常火。
这种服装卖得太火了。

◎ 速练 Quick practice

一、先根据词语写拼音，再将词语和正确的英文释义连起来
Write Pinyin according to the words, and then match the words with the correct English definitions.

1. 呼吸 _____   A. thick

2. 缓解 _____   B. miss, cherish the memory of

3. 厚 _____   C. relieve

4. 怀念 _____   D. breathe

5. 汇率 _____   E. report

6. 怀疑 _____   F. doubt, suspect

7. 汇报 _____   G. exchange rate

8. 忽视 _____   H. ignore

二、选择合适的词语填空   Choose the right words and fill in the blanks.

（一）   A. 后头   B. 火   C. 汇率   D. 黄金   E. 婚礼

1. 李校长也出席了他们的 ____。

2. 今天美元换人民币的 ____ 上升了一点儿。

3. 学校 ____ 就有一家银行，我带你去。

4. 不知道什么原因，他们的产品在网上一下儿就 ____ 了。

5. 最近 ____ 的价格比较低，可以买一些。

（二）   A. 忽视   B. 怀念   C. 厚   D. 户   E. 划

1. 一到这个节日，他就开始 ____ 起家乡的亲人和朋友。

2. 这床被子太 ____ 了，有薄一点儿的吗？

3. 服务行业一定不能 ____ 顾客的意见和建议。

4. 我们已经把停水的消息通知到了每一 ____。

5. 你们已经 ____ 了快一个小时了，休息休息吧。

（三） A. 怀疑　　B. 呼吸　　C. 护士　　D. 缓解　　E. 黄瓜

1. 这根 ____ 上还挂着很多刺呢！

2. 读书可以 ____ 一部分生活的压力。

3. 这个数字的准确性值得 ____。

4. 他们赶到时，老人已经停止了 ____。

5. ____ 的责任重大，不能出一点儿错。

（四） A. 回复　　B. 汇报　　C. 划　　D. 汇　　E. 花

1. 她简单地 ____ 了一下儿这次活动的准备工作。

2. 请问，把钱 ____ 到中国需要几天时间？

3. 他到现在都还没有 ____ 我的电子邮件。

4. 妈妈给我做了一条 ____ 裙子。

5. 我看到名单上他的名字被 ____ 掉了。

三、选择合适的词语完成句子　Choose the right words to complete the sentences.

1. 现在每个家庭都很 ____ 对孩子的教育。

　　A. 电视　　　　B. 影视　　　　C. 忽视　　　　D. 重视

2. 当危险出现时，是她第一个站出来 ____ 我们。

　　A. 护照　　　　B. 保护　　　　C. 爱护　　　　D. 护士

3. 他写这本书是为了 ____ 早已离去的几位好友。

　　A. 念　　　　　B. 观念　　　　C. 概念　　　　D. 怀念

4. 老师们的住房问题已基本 ____。

　　A. 解决　　　　B. 理解　　　　C. 缓解　　　　D. 解开

5. 我们把最新的 ____ 放在页面的最上面。

　　A. 复制　　　　B. 重复　　　　C. 回复　　　　D. 反复

第18单元　Unit 18

◎ **目标词语**　Target words

341. 伙	342. 伙伴	343. 或许	344. 货	345. 获
346. 获得	347. 获奖	348. 获取	349. 几乎	350. 机构
351. 机遇	352. 积累	353. 激动	354. 激烈	355. 及格
356. 极	357. 极其	358. 即将	359. 急忙	360. 集合

◎ **速记**　Quick memory

341　**伙**　huǒ　*m.*　group

这伙人是从上海过来的。
干活儿的时候，老板把他们分成了三伙。

342　**伙伴**　huǒbàn　*n.*　partner, pal

老张和新的合作伙伴一起开了这家公司。
放学后，儿子最喜欢和他的小伙伴们一起去踢足球。

343　**或许**　huòxǔ　*adv.*　perhaps

小李或许已经改变主意了。
我们现在赶紧出发，或许还能赶上飞机。

344　**货**　huò　*n.*　goods; *referring to people (swearing words)*

好货；便宜货；看货；笨货
你先看看货，觉得满意再付钱。
对不起，我们已经没有存货了。
他真是一个笨货！

345　**获**　huò　*v.*　get, obtain

明明在这次全国性的比赛中喜获第一名。
孩子们在他的帮助下获救了，但是他却永远离开了我们。

346　**获得**　huòdé　*v.*　gain

获得表扬；获得经验；获得幸福；获得信任
在大家的共同努力下，他们的表演终于获得了成功。
他能做成这件事，是因为从王经理那里获得了帮助。

347　**获奖**　huòjiǎng　*v.*　win a prize

他的作品多次在国际大赛上获奖。
虽然我的文章没有获奖，但是我却一点儿也不难过。

348　**获取**　huòqǔ　*v.*　get

他从这些交易中获取了大量的好处。

他做这些事的目的就是为了获取高人一等的地位。

349 **几乎** jīhū *adv.* almost, nearly

她的头发几乎是我的三倍那么长。
她的声音实在是太小了，我们几乎听不清她在说什么。

350 **机构** jīgòu *n.* mechanism; organization, internal structure of an organization

这台机器由好几个机构组成。
他们这个部门只是那家大公司的一个办事机构。
你们单位的机构太复杂了，需要调整一下儿。

351 **机遇** jīyù *n.* opportunity

难得(nándé, rare)的机遇；抓住机遇
这是一次难得的机遇，你可要抓住了。
为了给父亲看病，他错过了出国留学的大好机遇。

352 **积累** jīlěi *v.* accumulate

积累财富；积累资金
知识的获得需要长时间的积累。
他从事这个行业已经有二十多年了，在工作中积累了丰富的经验。

353 **激动** jīdòng

（1）*adj.* excited
赢了比赛以后，他们激动得跳了起来。
二十年后终于回到了家乡，老人的心情十分激动。
（2）*v.* excite
这真是一场激动人心的表演。

354 **激烈** jīliè *adj.* fierce

那是一场相当激烈的足球比赛。
没有人想到他的批评会那么激烈。

355 **及格** jí//gé pass (a test)

这次别的同学都通过了考试，只有他不及格。
他学习非常努力，但常常还是及不了格。

356 **极** jí *adv.* extremely

她是一个极会唱歌的女孩子。
下雪天，车开得极慢，所以我们来晚了。

357 **极其** jíqí *adv.* extremely

极其丰富；极其痛苦；极其方便；极其重视
她的表演给我留下的印象极其深刻。
参加会议的代表对他们的安排极其满意。

358 **即将** jíjiāng *adv.* soon, at hand

即将结束；即将完成

比赛即将开始。
飞机即将起飞，请大家坐好。

359 **急忙** jímáng *adv.* hastily, hurriedly

听到病人的叫喊声，那个护士急忙跑了过去。
女儿一个人在家，他不放心。一下班，他就急忙往家里赶。

360 **集合** jíhé *v.* assemble, gather

我们明天早上八点在操场集合。
我们要集合所有的力量打败敌人。

◎ **速练** Quick practice

一、先根据词语写拼音，再将词语和正确的英文释义连起来
Write Pinyin according to the words, and then match the words with the correct English definitions.

1. 获奖 _____   A. accumulate

2. 机遇 _____   B. soon, at hand

3. 积累 _____   C. fierce

4. 及格 _____   D. perhaps

5. 或许 _____   E. extremely

6. 激烈 _____   F. pass (a test)

7. 极其 _____   G. win a prize

8. 即将 _____   H. opportunity

二、选择合适的词语填空　Choose the right words and fill in the blanks.

（一）　A. 伙　　B. 获得　　C. 机遇　　D. 极　　E. 积累

1. 他用多年 ____ 下来的资金开了一家工厂。

2. 好的 ____ 不等人，你要及时抓住。

3. 这些人三个一群、五个一 ____ 地在那儿聊天，就没认真工作过。

4. 他在这次重要的考试中 ____ 了第一名。

5. 我们都 ____ 不希望看到这样的结果。

（二）　A. 伙伴　　B. 获奖　　C. 极其　　D. 或许　　E. 获取

1. 这个任务 ____ 困难，几乎不可能完成。

2. 我们永远是最好的合作 ____。

3. 我们去找找他吧，____ 他能给我们一些建议呢。

4. ____ 的那个女孩儿是她的妹妹。

5. 为了 ____ 她的好感（hǎogǎn, favoritism），他想尽了办法。

（三）　　A.激动　　B.即将　　C.货　　D.几乎　　E.激烈

1. 多年的理想 ____ 实现，他的心情十分激动。

2. 比赛还在 ____ 地进行着，可是他已经睡着（shuìzháo, be asleep）了。

3. 接到老朋友的电话，他的心情十分 ____ 。

4. 这家超市今天进的 ____ 质量不太好。

5. 这么多年过去了，她 ____ 没有任何变化。

（四）　　A.急忙　　B.获　　C.机构　　D.及格　　E.集合

1. 对他来说，就是不复习，考试也能 ____ 。

2. 他的这篇文章 ____ 了多位作者的观点，具有重要的参考价值。

3. 他想都没想就 ____ 跳进了水里，向那个孩子游了过去。

4. 他们找了整整三天，但还是一无（wú, not have）所 ____ 。

5. 这是一家专门从事动物保护工作的 ____ 。

三、选择合适的词语完成句子　Choose the right words to complete the sentences.

1. 这部电影多次 ____ 国际大奖。

　　A.获得　　　　B.获奖　　　　C.取得　　　　D.获取

2. 跟他们公司合作以后，我们去国外出差（chū//chāi, be on a business trip）的 ____ 多了很多。

　　A.机器　　　　B.机构　　　　C.机遇　　　　D.机会

3. 附近的居民 ____ 反对在这儿修建工厂。

　　A.激动　　　　B.激烈　　　　C.刺激　　　　D.强烈

4. 有的学生不求多高的分数，只求 ____ ，这种想法是不对的。

　　A.及格　　　　B.普及　　　　C.合格　　　　D.及时

5. 在处理 ____ 事件时，反应速度得非常快。

　　A.连忙　　　　B.急忙　　　　C.紧急　　　　D.帮忙

第19单元　Unit 19

◎ **目标词语**　Target words

361. 记载	362. 纪律	363. 技巧	364. 系	365. 季
366. 季度	367. 季节	368. 既	369. 既然	370. 寄
371. 加班	372. 加入	373. 加油站	374. 家务	375. 假如
376. 坚固	377. 检测	378. 减	379. 减肥	380. 减少

◎ **速记**　Quick memory

361　**记载**　jìzǎi　*v.*　record

这本书清楚地记载了那段历史。
她在书中记载下了事情发生的经过。

362　**纪律**　jìlǜ　*n.*　discipline

校长，一班的纪律不太好，二班的还可以。
那位老师要求所有学生都要保持好的纪律。

363　**技巧**　jìqiǎo　*n.*　skill

这门课程可以帮助我们提高学习技巧和考试技巧。
你在和她交流的过程中要有技巧，不然她可能什么都不愿意跟你说。

364　**系**　jì　*v.*　fasten, tie

妈妈让小明自己系鞋带。
把安全带系好，飞机马上就起飞了。

365　**季**　jì　*n.*　season

春季；冬季；雨季
这里每年的五六月是雨季。
一年分春夏秋冬四季（sìjì, four seasons），一季有三个月。

366　**季度**　jìdù　*n.*　quarter (of a year)

一年有四个季度。
这家工厂第一季度生产了50万部手机。

367　**季节**　jìjié　*n.*　season

春天是我最喜欢的季节。
都什么季节了，你还穿这么薄的衣服！

368　**既**　jì

（1）*adv.*　both...and...
他学习既努力又认真。
这件衣服既不漂亮，也不便宜。

（2）conj. now that
既已决定分手，就不要再和他见面了。
既要参加这个比赛，那就要提前做好准备。

369 **既然** jìrán conj. now that, since

既然已经报名了，那就好好准备吧。
既然病了，就在家好好休息，别来上课了。

370 **寄** jì v. send by post; place

寄包裹；寄钱；寄希望
我下午要出去寄一封信。
她现在只能把希望寄在孩子身上。

371 **加班** jiā//bān work overtime

下个周末我要加班。
这个月他加了两天班。

372 **加入** jiārù v. add; join

加入水；加入足球队
最后加入一点儿糖，这道菜就做好了。
欢迎你加入我们篮球队。

373 **加油站** jiāyóuzhàn n. gas station

这家加油站规模大，油价也便宜。
车没油了，我们去加油站加点儿油吧。

374 **家务** jiāwù n. housework

他一回到家，就帮妈妈做家务。
周日我在家干了一天家务，真是快累死了。

375 **假如** jiǎrú conj. if

假如明天下雨，我们还去吗？
假如你不说的话，就没有别人知道这件事了。

376 **坚固** jiāngù adj. firm, solid

长城建得非常坚固，所以能保留至今。
这座桥特别坚固，再大的水也冲不倒它。

377 **检测** jiǎncè v. detect

这里没有检测到任何手机信号。
机器检测的速度远远超过了人工检测。

378 **减** jiǎn v. subtract; reduce

六减二等于四。
他虽然老了，但是工作热情不减。
他们部门减了几个人，工作更忙了。

379 **减肥** jiǎn//féi lose weight

我最近正在减肥，每天只吃两顿饭。
你又不胖，减什么肥啊！

380 **减少** jiǎnshǎo v. reduce

人数减少；时间减少；费用减少
今年的学生人数比去年减少了两百人。
加了这么多天班，工资不但没增加，反而减少了。

◎ **速练** Quick practice

一、先根据词语写拼音，再将词语和正确的英文释义连起来
Write Pinyin according to the words, and then match the words with the correct English definitions.

1. 纪律 _____　　A. detect

2. 技巧 _____　　B. if

3. 检测 _____　　C. record

4. 既然 _____　　D. lose weight

5. 减肥 _____　　E. discipline

6. 假如 _____　　F. firm, solid

7. 坚固 _____　　G. skill

8. 记载 _____　　H. now that, since

二、选择合适的词语填空　Choose the right words and fill in the blanks.

（一）　A. 记载　　B. 季度　　C. 加班　　D. 坚固　　E. 纪律

1. 这座古城的城墙（chéngqiáng，city wall）非常 ____。

2. 作者在这篇文章里 ____ 了她在国外的旅行经历。

3. 要打赢敌人，必须要有严格（yángé，strict）的 ____。

4. 这个星期工人们每天 ____，终于按时完成了生产任务。

5. 我们家这个 ____ 需要交80元水费。

（二）　A. 季节　　B. 加入　　C. 检测　　D. 技巧　　E. 既

1. 他在这家工厂里做的是质量 ____ 的工作。

2. 不用我说，他就已经自动 ____ 了我们。

3. 她在这部小说中表现出非同一般的写作 ____。

4. 小明 ____ 会唱歌，又会跳舞，真是多才多艺。

5. 冬天是一年中最冷的 ____。

（三）   A. 加油站   B. 减   C. 系   D. 既然   E. 家务

1. 最近商场里的衣服大 ____ 价，我们去买几件吧。

2. ____ 我和爱人一人一半。

3. 姐姐把这两根粗线 ____ 在了一起。

4. ____ 答应了给她买这个玩具，就不要随便改变主意。

5. 很多 ____ 也有洗车服务。

（四）   A. 减肥   B. 季   C. 寄   D. 假如   E. 减少

1. 一到这个季节，这条河的河水就会明显 ____。

2. 为了 ____，妈妈每天早上都会去操场跑半个小时。

3. ____ 你有一千万，你打算怎么花这笔钱？

4. 最近换 ____，感冒的人明显多了。

5. 爸爸每个月都给我 ____ 两千块生活费（shēnghuófèi, cost of living）。

三、选择合适的词语完成句子   Choose the right words to complete the sentences.

1. 你的任务是把每位代表的发言 ____ 下来。

     A. 记载   B. 记录   C. 记者   D. 记住

2. 看他吃惊的样子，____ 他是不知道这件事的。

     A. 显然   B. 突然   C. 既然   D. 忽然

3. 他写这本书是为了 ____ 一位老朋友。

     A. 纪律   B. 纪念   C. 纪录   D. 记载

4. 这些木头被送到工厂 ____ 成漂亮的桌子和椅子。

     A. 加班   B. 加快   C. 加工   D. 加强

5. 虽然从小到大的家庭条件较差，但她表现得十分 ____。

     A. 坚持   B. 坚决   C. 坚固   D. 坚强

第20单元　Unit 20

◎ **目标词语　Target words**

381. 简历	382. 健身	383. 渐渐	384. 江	385. 讲究
386. 讲座	387. 奖	388. 奖金	389. 奖学金	390. 降
391. 降低	392. 降价	393. 降落	394. 降温	395. 交换
396. 交际	397. 教授	398. 教训	399. 阶段	400. 街道

◎ **速记　Quick memory**

381　**简历**　jiǎnlì　*n.*　resume

请给我们公司发一份你的简历。
从她的简历来看，她是一位经验非常丰富的医生。

382　**健身**　jiànshēn　*v.*　keep fit, do exercise

健身房；健身馆；健身中心
我非常喜欢健身。
小王已经坚持健身十年了。

383　**渐渐**　jiànjiàn　*adv.*　gradually

渐渐习惯；渐渐暖和；渐渐长大；渐渐停止
春天来了，草渐渐变绿了。
他已经渐渐适应了这里的生活。

384　**江**　jiāng　*n.*　river

这条江又长又宽。
这些年，我几乎走遍了世界，见过很多有名的大江大河。

385　**讲究**　jiǎngjiu

（1）*v.*　pay particular attention to
讲究营养；讲究速度；讲究准确
这种病是由于不讲究个人卫生造成的。
不管在什么场合，都要讲究礼貌（lǐmào, politeness）。

（2）*adj.*　exquisite
衣服讲究；家具讲究；穿得讲究；设计得讲究
她的房间布置得十分讲究。
他们家在吃喝方面特别讲究。

386　**讲座**　jiǎngzuò　*n.*　lecture

举办讲座；参加讲座
星期五上午，李校长要在北京大学做一个讲座。
他昨天晚上去听了一个关于中国古代文化的讲座。

387 奖　jiǎng

(1) v.　reward
这次考试他考得很好，妈妈奖了他一支漂亮的笔。
她代表学校在比赛中取得了第一名，学校决定奖给她1000元钱。
(2) n.　prize
得奖；领奖；一等奖
他在游泳比赛中得了二等奖。
李校长正在为获奖的学生发奖。

388 奖金　jiǎngjīn　n.　bonus

发奖金；领奖金
他们单位只在年底发一笔奖金。
全年的收入包括工资和奖金两个部分。

389 奖学金　jiǎngxuéjīn　n.　scholarship

获得奖学金；得到奖学金；发奖学金
他靠奖学金顺利读完了大学。
大学四年他获得了多笔奖学金。

390 降　jiàng　v.　fall; reduce

降雨；降雪；降下来
去年年底降了好几场大雪。
今年的房价比去年降了一点儿。

391 降低　jiàngdī　v.　lower

温度降低；价格降低；降低要求；降低标准
今天的气温和昨天相比，降低了12度。
虽然他们已经多次降低价格，但是来买东西的顾客还是很少。

392 降价　jiàng//jià　reduce price, be on sale

降价卖；降价出售；降不了价
最近，家具市场上的家具在降价处理。
那件衣服比以前降了点儿价。

393 降落　jiàngluò　v.　descend; land

一片片雪花还没降落下来，就消失不见了。
飞机已经安全地降落在了首都机场。

394 降温　jiàng//wēn　drop in temperature, lower the temperature

明天要降温了。
把冰袋放在头上，可以帮助降温。

395 交换　jiāohuàn　v.　exchange

交换礼物；交换意见
两国领导人在会议中交换了各自对这次事件的看法。
他想和自己的朋友坐在一起，所以我就和他交换了座位。

396 **交际** jiāojì v. communicate

我弟弟从小就不喜欢和别人交际。
爸爸的工作需要跟很多人进行交际。

397 **教授** jiàoshòu n. professor

这位教授的讲座非常精彩。
我爷爷是北京大学历史系的教授。

398 **教训** jiào·xùn

（1）v. teach sb. a lesson
我只是教训了她几句，她就气成这样了。
这孩子总是不认真听讲，你得好好教训他一顿。
（2）n. lesson
记住教训；宝贵的教训
他从这件事中得到了教训。
这起事件给了她一个深刻的教训，让她明白只有认真训练才能取得好成绩。

399 **阶段** jiēduàn n. stage, phase

初级阶段；第一阶段；现阶段
我们可以分阶段完成这个任务。
他们现在正在经历人生中最困难的阶段。

400 **街道** jiēdào n. street

街道上安安静静的，一个人也没有。
这条街道真长，我们走了20多分钟，还没走到头。

◎ **速练** Quick practice

一、先根据词语写拼音，再将词语和正确的英文释义连起来
Write Pinyin according to the words, and then match the words with the correct English definitions.

1. 降落 _____   A. keep fit, do exercise
2. 交际 _____   B. teach sb. a lesson; lesson
3. 教训 _____   C. bonus
4. 阶段 _____   D. pay particular attention to; exquisite
5. 奖金 _____   E. gradually
6. 讲究 _____   F. communicate
7. 渐渐 _____   G. descend; land
8. 健身 _____   H. stage, phase

二、选择合适的词语填空　Choose the right words and fill in the blanks.

（一）　　A.简历　　　B.讲座　　　C.降低　　　D.交际　　　E.健身

1. 马上就要开始找工作了，毕业生们都在忙着制作 ____。

2. 他的身体特别好，这是多年坚持 ____ 运动的结果。

3. 对于我们公司来说，这种商业 ____ 是不可缺少的。

4. 这个月的生产量不仅没有提高，反而 ____ 了。

5. 他们为留学生举办了一次关于中国民族音乐的 ____。

（二）　　A.奖　　　B.降价　　　C.教授　　　D.渐渐　　　E.奖金

1. 天变阴了，外边的风也 ____ 大了起来。

2. 王 ____ 明年就要退休了。

3. 这家超市经常卖 ____ 食品。

4. 由于工作成绩突出，他的老板 ____ 给他一笔钱。

5. 员工们对这位老板非常不满，因为不管工作干得多好，他也不多发 ____。

（三）　　A.降落　　　B.教训　　　C.江　　　D.奖学金　　　E.降温

1. 他们已经坐船过 ____ 了。

2. 我们都应该记住这次宝贵的 ____，以后不要再出现这样的错误。

3. 天气预报说后天是大风 ____ 天气。

4. 几只海鸟 ____ 在船头，等着吃他们打上来的小鱼。

5. 这笔 ____ 会按月发给学生。

（四）　　A.阶段　　　B.讲究　　　C.降　　　D.交换　　　E.街道

1. 妈妈经常对我说，吃饭要 ____ 营养。

2. 这些工人每天早上天还没亮就出门去打扫 ____。

3. 这家公司规模比较小，现在还处于发展 ____。

4. 他们用自家的鸡蛋和别人 ____ 了一些大米。

5. 今天的温度已经 ____ 到了零下3度。

三、选择合适的词语完成句子　Choose the right words to complete the sentences.

1. 他的中文说得 ____ 跟中国人一样。

　　A.简单　　　　B.简直　　　　C.简历　　　　D.经历

2. 他家虽然不缺钱,但是吃得却一点儿也不____。
   A. 讲话　　　　B. 讲座　　　　C. 听讲　　　　D. 讲究

3. 他们想在这儿建一座大桥,但是缺少足够的____。
   A. 现金　　　　B. 资金　　　　C. 奖金　　　　D. 奖学金

4. 虽然他比别人都小,但是教练没有因此____对他的要求。
   A. 降低　　　　B. 降价　　　　C. 降落　　　　D. 降温

5. 他们每个月都会见一次面,互相____思想。
   A. 交换　　　　B. 交际　　　　C. 交流　　　　D. 交易

第21单元　Unit 21

◎ **目标词语**　Target words

401. 节省	402. 结	403. 结构	404. 结论	405. 姐妹
406. 解释	407. 尽快	408. 紧密	409. 尽力	410. 进口
411. 近代	412. 禁止	413. 经典	414. 精力	415. 竟然
416. 镜头	417. 镜子	418. 究竟	419. 酒吧	420. 居民

◎ **速记**　Quick memory

401　节省　jiéshěng　*v.*　economize, save

节省资金；节省时间；节省费用
我们走这条小路的话，可以节省一个多小时。
她每个月都会从工资里节省出一些钱来，寄给家乡的老母亲。

402　结　jié

（1）*v.*　tie, from a relationship; congeal; settle, conclude
我宣布你们结为夫妻。
地面结冰（jiébīng，freeze）了，开车要注意安全。
他就是那样的人，你不理他就结了。
（2）*n.*　knot
她的手很巧，打的结漂亮极了。
他打的是一个死结，很难解开。
你应该打一个活结，这样轻轻一拉就解开了。

403　结构　jiégòu　*n.*　structure

结构合理；家庭结构；文章的结构
这座大楼的结构非常复杂。
这二十多年来，中国的人口结构发生了很大的变化。

404　结论　jiélùn　*n.*　conclusion

没有结论；结论明确
他们得出的这个结论不太可靠。
在事情调查清楚以前，先不要急着下结论。

405　姐妹　jiěmèi　*n.*　sisters

小丽和小雪是姐妹。
她们长得太像了，一看就知道她们是亲姐妹。

406　解释　jiěshì　*v.*　explain

解释原因；解释理由；解释含义
李老师把这个句子的意思解释得很清楚。

他热情地向顾客解释了这台设备的使用方法。

407 **尽快** jǐnkuài *adv.* as quickly as possible

请同学们尽快完成老师布置的作业。
我们一定会尽快制定新的管理办法。

408 **紧密** jǐnmì *adj.* inseparable, close

配合得紧密；紧密合作
他和大学同学一直保持着紧密的联系。
大家紧密地团结在一起，共同想办法解决了这个问题。

409 **尽力** jìn//lì try one's best

他答应会尽力帮助我们。
虽然我的钱不多，但是也想尽一份力。

410 **进口** jìnkǒu

（1）*v.* import
进口商品总是卖得比较贵。
中国每年都从国外进口很多商品，也会出口很多商品。
（2）*n.* entrance
我在医院的进口等你。
这座大楼的东边是超市的进口。

411 **近代** jìndài *n.* modern times

中国历史可以分为古代史、近代史和现代史。
齐白石老先生，1864年出生，是中国近代最著名的画家之一（zhīyī, one out of a multitude）。

412 **禁止** jìnzhǐ *v.* prohibit, forbid

医院里禁止抽烟。
前方道路封闭，所有车辆禁止从这里通过。

413 **经典** jīngdiǎn

（1）*n.* classics
这部小说是有名的文学经典。
（2）*adj.* classical
经典作品；经典音乐
他一生创作了许多经典的文学作品。
这部经典影片影响了一代又一代人。

414 **精力** jīnglì *n.* energy

奶奶年纪大了，没有精力做家务了。
这些孩子好像有用不完的精力，这么晚了还一点儿也不困。

415 **竟然** jìngrán *adv.* unexpectedly

才学了一年中文，他竟然就能说得这么流利了。
你不知道他是什么样的人吗？竟然答应他的要求！

416 镜头　jìngtóu　n.　camera lens; shot

别把镜头弄脏了，我刚刚擦过。
在这部电影里，他只有几个镜头。

417 镜子　jìngzi　n.　mirror

一面镜子
孩子不小心打破了卫生间里的那面镜子。
她对着镜子看了看，对自己新买的衣服很满意。

418 究竟　jiūjìng　adv.　on earth; after all

这件事究竟是谁告诉你的？
虽然做得不好看，但她究竟还是做出来了。

419 酒吧　jiǔbā　n.　bar

一家酒吧
他经常去那家酒吧喝酒。
我不喜欢去酒吧，因为那儿的音乐太吵了。

420 居民　jūmín　n.　resident

这里的居民生活很幸福。
这是一个小城市，只有十多万居民。

◎ 速练　Quick practice

一、先根据词语写拼音，再将词语和正确的英文释义连起来
Write Pinyin according to the words, and then match the words with the correct English definitions.

1. 节省 _____　　A. explain
2. 结构 _____　　B. prohibit, forbid
3. 解释 _____　　C. on earth; after all
4. 紧密 _____　　D. structure
5. 禁止 _____　　E. as quickly as possible
6. 竟然 _____　　F. economize, save
7. 究竟 _____　　G. unexpectedly
8. 尽快 _____　　H. inseparable, close

二、选择合适的词语填空　Choose the right words and fill in the blanks.

（一）　A. 节省　　B. 解释　　C. 近代　　D. 镜头　　E. 结

1. 把 ____ 推近一点儿，这样我们可以看清楚她的表情。
2. 这个 ____ 打得真漂亮，你教教我吧。
3. 科学家现在还不能 ____ 这种自然现象发生的原因。

4. 他对中国的 ____ 文学非常感兴趣。

5. 这个月的工资又快花光了，我得 ____ 一些了。

（二） A. 尽快　　　B. 禁止　　　C. 镜子　　　D. 结构　　　E. 紧密

1. 他从汽车的 ____ 里看到他们一起走进了一家饭店。

2. 法律规定，____ 向18岁以下的人出售烟酒。

3. 这座大桥的 ____ 非常坚固。

4. 这两家工厂一直 ____ 合作，共同发展。

5. 小王到家后，请他 ____ 给我回个电话。

（三） A. 经典　　　B. 究竟　　　C. 结论　　　D. 尽力　　　E. 精力

1. 文章的 ____ 部分写得太简单了。

2. 对手实在是太强了，我们的队员都已经 ____ 了，但还是输了。

3. 这支歌非常 ____，很多人都会唱。

4. 他不想把时间和 ____ 浪费在吃喝玩乐上。

5. 你买这台电脑 ____ 花了多少钱？

（四） A. 酒吧　　　B. 姐妹　　　C. 进口　　　D. 竟然　　　E. 居民

1. 谁也没想到他 ____ 是一位大画家。

2. 这里的 ____ 都积极地报名当志愿者。

3. 那条街上有好几家 ____，生意都很好。

4. 这对 ____ 虽然长得很像，但是性格完全不一样。

5. 这些设备是从国外 ____ 的。

三、选择合适的词语完成句子　Choose the right words to complete the sentences.

1. 经常进行体育锻炼，可以 ____ 人在工作和生活中产生的压力。

　　A. 解决　　　　B. 理解　　　　C. 缓解　　　　D. 解释

2. 共同的生活目标把他们 ____ 地联系在一起。

　　A. 紧密　　　　B. 紧张　　　　C. 紧急　　　　D. 赶紧

3. 一个人如果没有理想，就不会有前进的 ____。

　　A. 压力　　　　B. 精力　　　　C. 尽力　　　　D. 动力

4. 这起 ____ 事件说明大家对安全工作还不够重视。

　　A. 经典　　　　B. 典型　　　　C. 经历　　　　D. 经常

5. ____ 去不去，还得你自己拿主意。

　　A. 竟然　　　　B. 究竟　　　　C. 仍然　　　　D. 果然

第22单元　Unit 22

◎ **目标词语**　Target words

> 421. 居住　　422. 局　　423. 巨大　　424. 具备　　425. 距离
> 426. 聚　　　427. 聚会　　428. 卷（juǎn, v.）　429. 卷（juàn, m.）　430. 角色
> 431. 开花　　432. 开水　　433. 看不起　　434. 看来　　435. 看望
> 436. 考察　　437. 考虑　　438. 棵　　　　439. 可见　　440. 空间

◎ **速记**　Quick memory

421　居住　jūzhù　v.　live

我爷爷奶奶长期居住在农村。
王教授在北京居住过两三年，后来因为工作的原因，搬到了这里。

422　局　jú　n.　bureau

市交通局开展了"交通安全月"活动。
明天教育局的领导要来我们学校检查工作。

423　巨大　jùdà　adj.　huge, tremendous

巨大的工程；巨大的声音；巨大的成就
这项工程规模巨大，几千名工人花了三年时间才完成。
她这么小，但一个人在这个巨大的舞台上表演，却一点儿也不紧张。

424　具备　jùbèi　v.　have, possess

具备能力；具备头脑
现在我们工厂已经具备了生产这些产品的条件。
他从小就具备领导才能，大家都愿意听他的话。

425　距离　jùlí

（1）v.　be at a distance from
他们家距离公司只有两公里。
最近的医院距离他们家也有五公里。
他眼睛不太好，距离黑板远一点儿就看不清楚了。
（2）n.　distance
距离远；距离近；有距离
这两个城市之间的距离非常远。
两个人之间需要保持一米的距离。

426　聚　jù　v.　get together

大家聚在一起商量办法。
他和好友每个月都会聚一次。

427 **聚会** jùhuì

（1）v.　gather, get together
他和好友每个月都聚会一次。
我晚上要和同事聚会，不在家吃饭。
（2）n.　gathering
他有事，这次不能参加聚会。
举办这么大规模的聚会要花许多时间和精力。

428 **卷** juǎn　v.　roll up; whirl away

妈妈正在卷头发。
他把那张地图卷了起来，装进了书包里。
地上的报纸被大风卷走了。

429 **卷** juàn　m.　volume

这套书一共有十卷。
这本小说我已经读到第三卷了。

430 **角色** juésè　n.　role

他在这部影片中演的是一个小角色。
为了演好这个角色，他把这本小说读了一遍又一遍。

431 **开花** kāi//huā　blossom; burst with joy

这种树一般在四月开花。
春天到了，河边的草地上开满了花。
女儿考上了好大学，爸爸的心里乐开了花。

432 **开水** kāishuǐ　n.　boiling water

别急，等开水凉了再喝。
这是刚倒的开水，现在还不能喝。

433 **看不起** kànbuqǐ　v.　look down upon

我希望你不要看不起这份工作。
我怎么会看不起你呢？你想太多了。

434 **看来** kànlái　it seems

在我看来，他们都取得了巨大的成就。
他是笑着走出来的，看来事情是办成了。

435 **看望** kànwàng　v.　pay a call on, visit

看望病人；看望老师
他每到过年都会回家乡看望父母。
这个周末我要去医院看望生病的爷爷。

436 **考察** kǎochá

（1）v.　inspect, investigate
王校长考察了第一小学的教学情况。
周二上午，市领导们考察了经济技术开发区。

（2）*n.* inspection, investigation
这次现场<u>考察</u>将持续一个月。
这次的<u>考察</u>报告由我来写，要求我都清楚了。

437 **考虑** kǎolǜ *v.* consider

<u>考虑</u>得很全面；<u>考虑</u>得很成熟
我会认真<u>考虑</u>你们的建议的。
他<u>考虑</u>了很久，最后还是决定让小李去。

438 **棵** kē *m.* *a measure word for plants*

这<u>棵</u>白菜花了我二十多块。
爷爷在我们家门前种了两<u>棵</u>苹果树。

439 **可见** kějiàn *conj.* it is thus clear that

考试考得这么差，<u>可见</u>你平时没有好好学！
观众都哭了起来，<u>可见</u>她的演唱是多么让人感动。

440 **空间** kōngjiān *n.* space

<u>空间</u>大；生存<u>空间</u>
这所学校非常大，孩子们有足够的活动<u>空间</u>。
他们夫妻二人每天就生活在这样一个小小的<u>空间</u>里。

◎ 速练 Quick practice

一、先根据词语写拼音，再将词语和正确的英文释义连起来
Write Pinyin according to the words, and then match the words with the correct English definitions.

1. 居住 _____ A. role
2. 具备 _____ B. inspect, investigate; inspection, investigation
3. 距离 _____ C. live
4. 聚会 _____ D. consider
5. 角色 _____ E. pay a call on, visit
6. 看望 _____ F. have, possess
7. 考察 _____ G. gather, get together; gathering
8. 考虑 _____ H. be at a distance from; distance

二、选择合适的词语填空 Choose the right words and fill in the blanks.

（一） A. 居住   B. 聚   C. 开花   D. 考察   E. 局

1. 他在做这个决定以前，已经 ____ 了市场多次。
2. 已经六月了，这棵苹果树竟然还没有 ____。
3. 他以前都 ____ 在北方，突然来南方后，很不适应这里的气候。

4. 这次分别后，不知道什么时候才能再 ____。

5. 王老师去教育 ____ 办事了，下午能回来。

（二）   A. 聚会   B. 开水   C. 考虑   D. 巨大   E. 卷

1. 我同意老王的决定，因为他 ____ 问题非常全面。

2. 我觉得用 ____ 冲咖啡，咖啡的味道才更香。

3. 爸爸 ____ 起裤腿，走进了河里。

4. 有五十多人参加了他的这场生日 ____。

5. 他们的演出取得了 ____ 的成功。

（三）   A. 卷   B. 看不起   C. 棵   D. 具备   E. 看来

1. 没有花香，也没有树高，它是一 ____ 无人知道的小草。

2. 外边天突然变黑了，____ 马上就要下雨了。

3. 你别觉得她是个女人就 ____ 她，她其实比很多男人还会做生意。

4. 这本书分上、中、下三 ____。

5. 她虽然年纪不大，但 ____ 经营酒店的头脑。

（四）   A. 可见   B. 距离   C. 角色   D. 看望   E. 空间

1. 王校长专门去医院 ____ 了受伤的学生。

2. 由于人们对环境的保护，动物们的生存 ____ 越来越大了。

3. 这部电影她已经看了十几遍了，对电影中的每个 ____ 都非常了解。

4. 这么明显的错误他都没有发现，____ 他是一个很粗心的人。

5. 虽然两个人还是经常联系，但是他们在思想上的 ____ 越来越大了。

三、选择合适的词语完成句子 Choose the right words to complete the sentences.

1. 你必须 ____ 这个机会，否则你会永远失去她的。

    A. 居住   B. 抓住   C. 记住   D. 站住

2. 我们两个人身上 ____ 一些共同的特点。

    A. 具备   B. 共有   C. 准备   D. 具体

3. 他在这部电影里演出了自己的风格和 ____。

    A. 景色   B. 特色   C. 角色   D. 出色

4. 住在附近的居民 ____ 把这家工厂搬到人比较少的地方去。

    A. 看到   B. 看望   C. 希望   D. 愿望

5. 她只在电话里 ____ 了两三分钟，就同意了我们的合作方案。

    A. 考察   B. 考虑   C. 观察   D. 考验

第 23 单元　Unit 23

◎ **目标词语**　Target words

441. 空	442. 口袋	443. 口语	444. 苦	445. 会计
446. 快递	447. 宽	448. 宽广	449. 矿泉水	450. 扩大
451. 扩展	452. 括号	453. 垃圾	454. 拉开	455. 辣
456. 来不及	457. 来得及	458. 来源	459. 老公	460. 老家

◎ **速记**　Quick memory

441　空　kòng

（1）*v.*　leave empty or blank
两段话之间需要空一行。
他专门空出了一个房间来给我住。
（2）*adj.*　unoccupied, vacant
他的新房子里什么家具都没有，空得很。
第二排还有几个空座位，我们去那儿坐吧。

442　口袋　kǒudai　*n.*　bag; pocket

布口袋；纸口袋；上衣口袋
这个布口袋里装的都是大米，你一个人可搬不动。
他的衬衣上有两个口袋。

443　口语　kǒuyǔ　*n.*　spoken language

口语练习；口语训练；口语能力；口语水平
他的英语口语非常流利，但是写作差一点儿。
这个留学生每天跟中国朋友练习半个小时的口语。

444　苦　kǔ　*adj.*　bitter; painstaking

这杯咖啡是不是忘记放糖了，好苦啊！
学校的训练非常苦，但他都坚持下来了。

445　会计　kuài·jì　*n.*　accountant; accounting

这名会计工作非常负责。
他打算大学毕业以后从事会计方面的工作。

446　快递　kuàidì　*n.*　express delivery

寄快递；收快递；取快递
我要去楼下取一个快递。
你的行李我已经用快递寄出，请注意查收。

447 宽 kuān *adj.* wide, broad

这条马路宽三十米。
现在这些孩子从小就读很多书，所以知识面都很宽。

448 宽广 kuānguǎng *adj.* broad

宽广的大海；宽广的湖面
看到宽广的大海，我的心情好多了。
老师们纷纷称赞这个孩子知识面宽广，比很多大人都强。

449 矿泉水 kuàngquánshuǐ *n.* mineral water

天太热了，我一个下午就喝光了三瓶矿泉水。
这个牌子的矿泉水味道有点儿甜，我很爱喝。

450 扩大 kuòdà *v.* enlarge, extend

扩大范围；扩大规模；扩大影响；扩大面积
因为产品卖得非常好，所以公司今年扩大了生产规模。
这所学校的面积比以前扩大了两倍。

451 扩展 kuòzhǎn *v.* expand

我们部门今年会继续扩展市场。
现在学校的操场太小了，如果能向东边扩展一点儿就好了。

452 括号 kuòhào *n.* bracket

请把正确答案写在题目前边的括号里。
你需要把性别写在名字后边的圆括号里。

453 垃圾 lājī *n.* trash

大家要爱护环境，不要乱扔（rēng, throw, litter）垃圾。
这些垃圾我们会自己清理（qīnglǐ, clean），你不用管了。

454 拉开 lākāi pull open; separate

他急忙拉开门，跑了出去。
两个孩子打了起来，老师看见了，把他们拉开了。

455 辣 là *adj.* spicy

这道菜味道好是好，就是太辣了。
中国湖南人、四川人特别爱吃辣的食物。

456 来不及 láibují *v.* have not enough time (to do sth.), be too late

当时他家里有急事，得赶紧回去，所以来不及跟我们说再见。
我们现在离机场还有五十多公里，赶九点的航班一定来不及了。

457 来得及 láidejí *v.* have enough time (to do sth.), be in time

这篇文章我只来得及修改一遍。
我们现在就出发，赶最后一班车的话还来得及。

458 **来源** láiyuán *n.* source

收入<u>来源</u>；生活<u>来源</u>
你的消息<u>来源</u>可靠吗？
爸爸的工资是我们家的主要经济<u>来源</u>。

459 **老公** lǎogōng *n.* husband

我<u>老公</u>最近总是加班。
你<u>老公</u>是做什么工作的？

460 **老家** lǎojiā *n.* hometown

退休以后，他想回<u>老家</u>生活。
他想利用这次假期去看看<u>老家</u>的亲人。

◎ **速练** Quick practice

一、先根据词语写拼音，再将词语和正确的英文释义连起来
Write Pinyin according to the words, and then match the words with the correct English definitions.

1. 会计 ＿＿＿＿＿＿＿ A. source

2. 快递 ＿＿＿＿＿＿＿ B. expand

3. 宽广 ＿＿＿＿＿＿＿ C. have not enough time (to do sth.), be too late

4. 扩展 ＿＿＿＿＿＿＿ D. pull open; separate

5. 来源 ＿＿＿＿＿＿＿ E. broad

6. 来得及 ＿＿＿＿＿＿＿ F. express delivery

7. 来不及 ＿＿＿＿＿＿＿ G. accountant; accounting

8. 拉开 ＿＿＿＿＿＿＿ H. have enough time (to do sth.), be in time

二、选择合适的词语填空 Choose the right words and fill in the blanks.

（一）   A. 空   B. 快递   C. 扩展   D. 来不及   E. 来得及

1. 马上就要上课了，已经 ＿＿＿＿ 去吃早饭了。

2. 请大家 ＿＿＿＿ 出几个座位来，给这几位老人坐。

3. 我们都还没 ＿＿＿＿ 见面，他就被老板叫回去了。

4. 我们要想办法 ＿＿＿＿ 国外市场。

5. 近十年来，中国 ＿＿＿＿ 行业的发展速度极其快。

（二）   A. 宽   B. 括号   C. 口袋   D. 口语   E. 垃圾

1. 以前这条街上到处都是 ＿＿＿＿ ，现在干干净净的，变化真是太大了！

2. 来中国学了一个学期的中文后，他的____水平提高了不少。

3. 这段话中有很多____，里边的信息你要格外注意。

4. 这张桌子太____了，小房间里放不下。

5. 我把手机放在裤子____里了。

（三）　　A. 宽广　　　B. 来源　　　C. 苦　　　D. 矿泉水　　　E. 拉开

1. 你们还需要好好调查一下儿这些新增人口的____。

2. 如果你觉得热，就把衣服____一点儿。

3. 他每次去打网球时，都会带上一瓶____。

4. 这是他第一次来中国西部旅行，也是他第一次看到这么纯净和____的天空。

5. 女儿不爱喝药，因为她觉得药太____了。

（四）　　A. 老公　　　B. 会计　　　C. 扩大　　　D. 辣　　　E. 老家

1. 别点____的菜，孩子们不能吃。

2. 降雨的范围又____了。

3. 这是我爸从____寄来的猪肉，味道就是不一样。

4. 她很早就没了____，一个人带着孩子生活，真是太不容易了！

5. 我姐姐在那家医院当____。

三、选择合适的词语完成句子　Choose the right words to complete the sentences.

1. 近年来，中国西部的____地区得到了快速发展。

　　A. 宽广　　　　　B. 推广　　　　　C. 广大　　　　　D. 广播

2. 他们一直坚持____各种活动，丰富农村居民的精神生活。

　　A. 进展　　　　　B. 扩展　　　　　C. 发展　　　　　D. 开展

3. 她向外____窗户，让雨后的新鲜空气进入房间。

　　A. 拉开　　　　　B. 展开　　　　　C. 隔开　　　　　D. 推开

4. 马上就到我们表演了，恐怕____再做什么调整了。

　　A. 来得及　　　　B. 来不及　　　　C. 接下来　　　　D. 普及

5. 这是你的身体向你发出的一个求救（qiújiù，cry for help）____！

　　A. 括号　　　　　B. 信号　　　　　C. 符号　　　　　D. 号码

第 24 单元　Unit 24

◎ **目标词语**　Target words

461. 老婆	462. 老实	463. 乐趣	464. 泪	465. 泪水
466. 类型	467. 冷静	468. 厘米	469. 离不开	470. 力气
471. 历史	472. 立即	473. 利息	474. 利益	475. 俩
476. 良好	477. 量	478. 粮食	479. 两边	480. 疗养

◎ **速记**　Quick memory

461　老婆　lǎopo　*n.*　wife

这是我<u>老婆</u>的照片。
上周六我陪<u>老婆</u>逛了一天的街。

462　老实　lǎoshi　*adj.*　honest; well-behaved

小王是一个非常<u>老实</u>的年轻人。
他在外边表现得很<u>老实</u>，可是在家里就完全不一样了。

463　乐趣　lèqù　*n.*　joy

人生的<u>乐趣</u>；带来<u>乐趣</u>
爷爷一生最大的<u>乐趣</u>就是画画儿。
他和老婆离婚以后，就好像失去了生活的<u>乐趣</u>。

464　泪　lèi　*n.*　tear

她感动得哭了起来，脸上布满了热<u>泪</u>。
见儿子坐的车开走了，他再也控制不住自己，流下了激动的<u>泪</u>。

465　泪水　lèishuǐ　*n.*　tear

她伤心地哭了半个小时，<u>泪水</u>打湿了上衣。
他一想起爷爷，<u>泪水</u>就会止（zhǐ，stop）不住地流出来。

466　类型　lèixíng　*n.*　type, kind

他们是两种不同<u>类型</u>的人。
我们公司已经不生产这种<u>类型</u>的洗衣机了。

467　冷静　lěngjìng　*adj.*　calm

头脑<u>冷静</u>；遇事<u>冷静</u>
遇到危险，首先要保持<u>冷静</u>。
面对突然出现的大火，只有他一个人表现得非常<u>冷静</u>。

468　厘米　límǐ　*m.*　centimeter

这把尺子长30<u>厘米</u>。
这张桌子长100<u>厘米</u>，宽75<u>厘米</u>，高80<u>厘米</u>。

| 469 | 离不开 | lí bu kāi | | be unable to do without |

会议的成功举办离不开所有工作人员的付出。
我们家儿子是奶奶带大的,所以到哪儿都离不开奶奶。

| 470 | 力气 | lìqi | n. | strength; effort |

爸爸的力气比儿子大多了。
他费了很大力气才完成了那个设计。

| 471 | 历史 | lìshǐ | n. | history |

中国有几千年的历史。
这是一本关于中国古代历史的书。

| 472 | 立即 | lìjí | adv. | immediately |

他们一听到这个消息就立即出发了。
王老师通知大家立即去大会议室开会。

| 473 | 利息 | lìxī | n. | interest on money |

他向银行借了十万块,每年利息大概几千块。
我觉得不应该把钱存进银行,因为银行给的利息太低了。

| 474 | 利益 | lìyì | n. | interest, benefit |

获得利益;争取利益;集体利益
国家、人民的利益高于一切。
这部法律可以有效地保护个人的合法利益。

| 475 | 俩 | liǎ | | (a numeral-measure word) two |

姐妹俩;咱俩;夫妻俩
他们俩是小学同学。
你把那俩脏碗洗一洗吧。

| 476 | 良好 | liánghǎo | adj. | good, fine |

成绩良好;感觉良好;良好的习惯
他在这次比赛中表现良好。
医生给她做了检查以后,告诉她身体状况良好。

| 477 | 量 | liáng | v. | measure |

他用尺子量了一下儿桌子有多高。
护士刚才给她量了一下儿,没有发烧。

| 478 | 粮食 | liángshi | n. | food, grain |

东北是中国重要的粮食产区。
今年这里一直下雨,粮食减产了很多。

| 479 | 两边 | liǎngbiān | n. | both sides |

河两边长着两排整齐的大树。
人们站在马路两边欢迎新市长。

480 **疗养**　　liáoyǎng　　v.　　recuperate

公司安排一些老员工寒假去海南疗养。
经过一个月的疗养，奶奶的身体好多了。

◎ **速练**　Quick practice

一、先根据词语写拼音，再将词语和正确的英文释义连起来
Write Pinyin according to the words, and then match the words with the correct English definitions.

1. 老实 _____　　A. recuperate

2. 泪水 _____　　B. interest, benefit

3. 类型 _____　　C. immediately

4. 立即 _____　　D. tear

5. 利息 _____　　E. food, grain

6. 利益 _____　　F. interest on money

7. 粮食 _____　　G. honest; well-behaved

8. 疗养 _____　　H. type, kind

二、选择合适的词语填空　Choose the right words and fill in the blanks.

（一）　　A. 老婆　　B. 类型　　C. 历史　　D. 良好　　E. 老实

1. 他从小就养成了早睡早起的 ____ 习惯。

2. 我们每个人都不能忘记 ____ 的教训。

3. 大家都知道他怕 ____。

4. 这次测试使用了两种不同 ____ 的机器。

5. ____ 说，你的这个成绩是上不了北京大学的。

（二）　　A. 冷静　　B. 立即　　C. 量　　D. 乐趣　　E. 厘米

1. 爸爸用步子大概 ____ 了一下儿从大门口到卫生间的距离。

2. 请叫到名字的同学 ____ 跟我去体育馆。

3. 这孩子的个子已经超过120 ____ 了。

4. 既然你们现在见面就吵架，那最好先 ____ 一下儿，再考虑要不要分开。

5. 他爱读书，从读书中他能得到极大的 ____。

（三）　　A. 利息　　B. 粮食　　C. 泪　　D. 离不开　　E. 利益

1. 爸爸从小就教育我们要节约 ____。

2. 他总是把他人的 ____ 放在第一位。

3. 人的生存 ____ 水和空气。

4. 她的 ____ 流干了，心也跟着死去了。

5. 他在银行里存了一大笔钱，每个月光靠 ____ 就可以生活了。

（四）　　A. 两边　　　B. 泪水　　　C. 力气　　　D. 俩　　　E. 疗养

1. 周末咱 ____ 出去喝一杯吧。

2. 外边风太大了，他用尽 ____ 才把门推开。

3. 每到寒假，他都要回家乡去 ____ 身体。

4. 这几年，她哭的次数太多了，现在再哭，眼睛里已经没有 ____ 了。

5. 桌子 ____ 各放着三把椅子。

三、选择合适的词语完成句子　　Choose the right words to complete the sentences.

1. 这孩子真是太 ____ 了，别人说什么他就相信什么。
   A. 真实　　　　B. 诚实　　　　C. 老实　　　　D. 实际

2. 她和我前面提到的女孩儿是完全不同的 ____。
   A. 典型　　　　B. 类型　　　　C. 大型　　　　D. 类似

3. 晚上九点以后人们就都离开了，街道上变得十分 ____。
   A. 冷静　　　　B. 寒冷　　　　C. 干净　　　　D. 安静

4. 比赛 ____ 开始，体育馆已经坐满了。
   A. 立即　　　　B. 即将　　　　C. 设立　　　　D. 建立

5. 他们能这么团结，是因为他们有共同的 ____。
   A. 利益　　　　B. 利息　　　　C. 信息　　　　D. 利用

第25单元 Unit 25

◎ **目标词语** Target words

481. 了不起	482. 了解	483. 列	484. 列车	485. 列入
486. 列为	487. 临时	488. 零食	489. 流传	490. 楼梯
491. 陆地	492. 陆续	493. 录取	494. 律师	495. 轮
496. 轮船	497. 轮椅	498. 轮子	499. 论文	500. 落

◎ **速记** Quick memory

481 了不起 liǎobuqǐ adj. amazing, great

她真是一个<u>了不起</u>的女人！
你们在这么短的时间内完成了这个任务，真是太<u>了不起</u>了！

482 了解 liǎojiě v. get to know, find out, learn

没有人比我更<u>了解</u>他。
在没有<u>了解</u>清楚这件事情前，最好不要随便下结论。
一位合格的教师，必须<u>了解</u>教育知识，也必须<u>了解</u>教育对象。

483 列 liè

（1）v. list
这是王教授给我<u>列</u>的必读书单。
我<u>列</u>了一个菜单，你照着菜单去买菜吧。
（2）m. a measure word for a series or row of things
请同学们排成两<u>列</u>。
这<u>列</u>火车是开往北京的。
我的座位在第七排第二<u>列</u>。

484 列车 lièchē n. train

餐车在<u>列车</u>的中部。
<u>列车</u>马上就要开了，请大家回到自己的座位上。

485 列入 lièrù v. list

老师们讨论后决定把她<u>列入</u>需要帮助的学生名单。
我们公司被<u>列入</u>"2023年重点发展企业（qǐyè, enterprise）"名单。

486 列为 lièwéi be classified as

90分以上的学生都被<u>列为</u>A等。
你怎么能把我<u>列为</u>跟他们一样的人呢？

487 临时 línshí

（1）adj. temporary
这份工作只是<u>临时</u>的，我还会再看看别的机会。

在正式的身份证寄到之前,你可以使用这张临时身份证。
(2) *adv.*   at the time when sth. happens
平时不好好练习,现在临时准备的话是不可能取得好成绩的。
比赛时他受伤了,教练临时决定让我上场(shàng//chǎng, enter the court or field)。

488   零食   língshí   *n.*   snack

她一天要吃好多次零食。
我女儿爱吃零食,不爱吃饭。

489   流传   liúchuán   *v.*   spread, hand down

这个民间故事在中国各地流传。
关于他的传说,从古代流传至今。

490   楼梯   lóutī   *n.*   staircase

走楼梯;爬楼梯
还是他们年轻,上下楼梯可真快!
这是一座老式的楼梯房,没有装电梯。

491   陆地   lùdì   *n.*   land

他们的船已经接近陆地了。
这种动物既可以在陆地上生活,也可以在水中生活。

492   陆续   lùxù   *adv.*   one after another, successively

陆续离开;陆续发表
各国代表团成员已经陆续到达北京。
近二十年来,他陆续创作了多部长篇小说。

493   录取   lùqǔ   *v.*   admit, enrol

他还没有收到大学的录取通知。
北京大学今年在我省录取了三十多名新生(xīnshēng, freshman)。

494   律师   lǜshī   *n.*   lawyer

他请了这座城市里最有名的一位律师。
一有法律方面的问题,我就会请教我的律师朋友。

495   轮   lún

(1) *n.*   wheel
我自行车的后轮坏了。
骑三轮车看起来容易,其实挺难的。
(2) *v.*   take turns
轮班;轮休
你快准备好,马上轮到你上去表演了。
我们一个人轮一天,一周就能完成了。
(3) *m.*   a measure word for the sun or the moon; round
天上挂着一轮明月。
我大姐也属狗,比我大一轮。
第一轮比赛,北京队赢了。

| 496 | 轮船 | lúnchuán | n. | steamship |

我下个月要坐轮船去旅行。
他们坐了三天轮船才到达上海。

| 497 | 轮椅 | lúnyǐ | n. | wheelchair |

自从得了那种病后，他就没有离开过轮椅。
前几天他的腿受伤了，所以这几天都是坐轮椅来上课的。

| 498 | 轮子 | lúnzi | n. | wheel |

汽车轮子；火车轮子
最早的汽车只有三个轮子。
他的自行车前边的轮子没气了。

| 499 | 论文 | lùnwén | n. | thesis |

毕业论文；写论文；指导论文
他没能顺利毕业，因为论文不合格。
为了完成这篇课程论文，他两个星期都没有睡好觉。

| 500 | 落 | luò | v. | fall |

秋天到了，地上落满了黄叶。
这份文件极其重要，千万不能落在敌人手里。

◎ 速练 Quick practice

一、先根据词语写拼音，再将词语和正确的英文释义连起来
Write Pinyin according to the words, and then match the words with the correct English definitions.

1. 了不起 _____   A. admit, enrol
2. 了解 _____   B. one after another, successively
3. 列入 _____   C. temporary; at the time when sth. happens
4. 临时 _____   D. be classified as
5. 流传 _____   E. amazing, great
6. 陆续 _____   F. get to know, find out, learn
7. 录取 _____   G. list
8. 列为 _____   H. spread, hand down

二、选择合适的词语填空 Choose the right words and fill in the blanks.

（一）   A. 了不起   B. 列为   C. 陆地   D. 轮船   E. 了解

1. 坐了十几天船以后，我们终于又看见了____。
2. 他在音乐方面取得了____的成就。

3. 这条 ____ 上装满了大米。

4. 虽然我们是同学，但是我却并不 ____ 他。

5. 这些代表都被 ____ 会议的观察员。

（二）　　A. 临时　　　B. 陆续　　　C. 轮椅　　　D. 列　　　E. 零食

1. 虽然他的一生都是在 ____ 上度过的，但是他从来没有伤心难过过。

2. 电影快开始了，观众们 ____ 走进电影院。

3. 他 ____ 出的这些事实已经能够证明他的想法是对的。

4. 这本词典我 ____ 借用（jièyòng, borrow）一下儿，后天就还给你。

5. 为了身体健康，他用吃水果代替吃 ____ 。

（三）　　A. 录取　　　B. 轮子　　　C. 列车　　　D. 流传　　　E. 律师

1. 你看，那辆车的 ____ 是金色的。

2. 什么都动摇不了他当 ____ 的决心。

3. 刚到家，她就收到了酒店发来的 ____ 她当经理的电子邮件。

4. 从北京开往上海的 ____ 即将到站。

5. 最近各部门都在 ____ 着她要调走的消息。

（四）　　A. 论文　　　B. 列入　　　C. 楼梯　　　D. 轮　　　E. 落

1. 今天 ____ 到爸爸打扫卫生间了。

2. 刚才停电了，我们是走 ____ 上来的。

3. 一夜之间，地上就 ____ 了厚厚的一层雪。

4. 他生气极了，因为他发现自己竟然没有被 ____ 参加比赛的名单。

5. 王教授总是非常认真地指导学生写毕业 ____ 。

三、选择合适的词语完成句子　Choose the right words to complete the sentences.

1. 所有 ____ 他的人都十分尊敬他。

    A. 解决　　　　B. 理解　　　　C. 解释　　　　D. 了解

2. 虽然他们顺利完成了工作，但是我没觉得这有什么 ____ 。

    A. 了不起　　　B. 看不起　　　C. 看起来　　　D. 对不起

3. 他们利用各种媒体向农民朋友 ____ 农业知识。

    A. 流行　　　　B. 传来　　　　C. 流传　　　　D. 传播

4. 今天这场会议 ___ 了整整六个小时。

    A. 持续　　　　B. 连续　　　　C. 继续　　　　D. 陆续

5. 我们要做好充分的准备，____ 给观众朋友们留下美好的印象。

    A. 录取　　　　B. 获取　　　　C. 争取　　　　D. 采取

第 26 单元　Unit 26

◎ 目标词语　Target words

501. 毛巾	502. 毛衣	503. 帽子	504. 没错	505. 没法儿
506. 没想到	507. 美金	508. 美女	509. 梦	510. 梦见
511. 梦想	512. 秘密	513. 秘书	514. 密	515. 密码
516. 密切	517. 免费	518. 面临	519. 面试	520. 描述

◎ 速记　Quick memory

501　**毛巾**　máojīn　*n.*　towel

墙上挂着一条毛巾。
他一边跟我说话，一边用毛巾擦手。

502　**毛衣**　máoyī　*n.*　sweater

小明今天穿了一件新毛衣。
这件毛衣是买的还是你自己打的？

503　**帽子**　màozi　*n.*　hat

外面冷，把帽子戴上。
桌子上放着一顶白帽子。

504　**没错**　méi cuò　correct, right

你说得没错，不努力就不会成功。
如果你没错，为什么要道歉（dào//qiàn, apologize）？

505　**没法儿**　méifǎr　*v.*　be unable (to do sth.)

太吵了，我在这儿没法儿看书。
开车的时候，我没法儿回信息。

506　**没想到**　méi xiǎngdào　unexpectedly

没想到热干面这么好吃！
没想到坐高铁去北京只要5个小时。

507　**美金**　měijīn　*n.*　US dollar

我在你的钱包里放了400美金。
你好，我要把这些美金换成人民币。

508　**美女**　měinǚ　*n.*　beauty

他老婆是个大美女。
前边走过来一群帅哥和美女。

509 **梦**　mèng

（1）*n.*　dream
好梦；一个梦
祝你做个美梦！
你的梦里有什么？
（2）*v.*　dream, dream of/about
我昨晚梦到了高中时的朋友。
我真是做梦也梦不到会有这样一天。

510 **梦见**　mèngjiàn　dream of/about

我梦见和同学们一起爬长城。
我梦见自己像鸟一样在天上飞。

511 **梦想**　mèngxiǎng

（1）*v.*　dream of/about
以前我一直梦想着出国留学。
小时候总梦想着一个人去旅行。
（2）*n.*　dream
这是我们共同的梦想。
祝你早日（zǎorì, at an early date, soon）实现梦想！

512 **秘密**　mìmì

（1）*adj.*　secret
这次会议将秘密地进行。
他们在一个秘密地点见面了。
（2）*n.*　secret
你到底还有多少秘密？
请你一定要保守这个秘密。

513 **秘书**　mìshū　*n.*　secretary

这位是新来的张秘书。
她已经做了十年秘书。

514 **密**　mì　*adj.*　thick, dense

这只小狗的毛很密。
这些树长得太密了。

515 **密码**　mìmǎ　*n.*　password

你家的Wi-Fi密码是多少？
这台电脑的开机密码是六个八。

516 **密切**　mìqiè

（1）*adj.*　close
科学家们密切关注气候变化。
在大家的密切配合下，我们班获得了比赛的第一名。
（2）*v.*　make close
要进一步密切老师和学生的关系。

| 517 | **免费** | miǎn//fèi | | free, for free |

这次活动是**免费**的。
飞机上提供**免费**早餐。

| 518 | **面临** | miànlín | v. | face, confront |

公司正**面临**着许多困难。
我们**面临**的是与之前完全不同的市场环境,大家要加油。

| 519 | **面试** | miànshì | v. | interview |

来参加**面试**的人很多。
考试分为两个部分:笔试和**面试**。

| 520 | **描述** | miáoshù | v. | describe |

他生动地**描述**了那件事的经过。
请你**描述**一下儿你在梦里看到的东西。

◎ **速练** Quick practice

一、先根据词语写拼音,再将词语和正确的英文释义连起来
Write Pinyin according to the words, and then match the words with the correct English definitions.

1. 毛巾 _____   A. interview

2. 毛衣 _____   B. secretary

3. 梦想 _____   C. password

4. 秘密 _____   D. free, for free

5. 密码 _____   E. towel

6. 面试 _____   F. sweater

7. 秘书 _____   G. secret

8. 免费 _____   H. dream of/about; dream

二、选择合适的词语填空 Choose the right words and fill in the blanks.

(一)   A. 毛巾   B. 没想到   C. 梦想   D. 密切   E. 毛衣

1. 每个人都有自己的 ____。

2. 小明 ____ 自己能考得这么好。

3. 你该买条新 ____ 了,这条都破了。

4. 这件 ____ 是妈妈给我买的。

5. 毕业以后,我们一直保持着 ____ 的联系。

（二）　　A.美金　　　B.秘密　　　C.免费　　　D.帽子　　　E.美女

1. 人们常说，世界上没有____的午餐。

2. 你认识那个____吗？

3. 这是妹妹最喜欢的一顶____。

4. 这家商店只收人民币，不收____。

5. 我一定不把你的____告诉别人。

（三）　　A.秘书　　　B.面临　　　C.没错　　　D.梦　　　E.密

1. 姐姐的头发又黑又____。

2. 你说得一点儿____。

3. 我昨天做了一个很奇怪的____。

4. 老板不在办公室，你可以把文件交给张____。

5. 虽然____很多困难，但是大家都很有信心。

（四）　　A.面试　　　B.没法儿　　　C.梦见　　　D.密码　　　E.描述

1. 这篇文章生动地____了中国人过春节的风俗。

2. 昨天晚上，我____自己参加了一场考试。

3. 这个____太简单了，你重新想一个吧。

4. 他的____成绩没有笔试成绩好。

5. 今天雪太大了，____开车。

三、选择合适的词语完成句子　Choose the right words to complete the sentences.

1. 在找工作____时，要表现出自己的热情、认真和决心。
   A.面临　　　B.面试　　　C.面对　　　D.对待

2. 孔子是中国古代最伟大的教育家、____家。
   A.梦　　　　B.梦想　　　C.理想　　　D.思想

3. 这次活动____了老师和学生之间的感情。
   A.密切　　　B.秘密　　　C.密　　　　D.密码

4. 教室里的空调又出____了。
   A.毛巾　　　B.毛衣　　　C.毛病　　　D.毛

5. 我常来这家商场买东西，今年已经____了几千元了。
   A.浪费　　　B.收费　　　C.免费　　　D.消费

第 27 单元　Unit 27

◎ **目标词语**　Target words

521. 描写	522. 名牌儿	523. 名片	524. 名人	525. 摸
526. 模特儿	527. 模型	528. 末	529. 默默	530. 哪怕
531. 哪	532. 男女	533. 男士	534. 难免	535. 脑袋
536. 闹	537. 闹钟	538. 内部	539. 内科	540. 能干

◎ **速记**　Quick memory

521　描写　miáoxiě　v.　describe

请你把描写春天的句子画出来。
这段话描写的是一位中国古代的美女。

522　名牌儿　míngpáir　n.　famous brand

妈妈喜欢购买名牌儿产品。
北京大学是一所名牌儿大学。

523　名片　míngpiàn　n.　business card, calling card, visiting card

我到现在都没有名片。
分别时，她给了我一张名片。

524　名人　míngrén　n.　celebrity, famous person

我梦想有一天可以成为名人。
今天下午我要采访一位名人。

525　摸　mō　v.　touch, feel

妈妈摸了一下儿小明的头。
他用手摸了摸桌子，果然非常干净。

526　模特儿　mótèr　n.　model

她成了全国有名的模特儿。
作为一名模特儿，她拍了很多广告。

527　模型　móxíng　n.　(scale) model

房屋模型；高铁模型
儿子的生日礼物是一个飞机模型。
小明的房间里有各种各样的汽车模型。

528　末　mò　n.　end

周末；年末
下个月末他就回国了。
这所学校建于20世纪70年代末。

529 **默默** mòmò *adv.* silently, quietly

他低着头,默默地站着。
爸爸妈妈一直默默地支持我。

530 **哪怕** nǎpà *conj.* even if

哪怕不睡觉,我也要把作业做完。
哪怕是在很冷的冬天,他也坚持游泳。

531 **哪** na *pt.* used after the words ending with -n, which is equivalent to "啊"

谢谢您哪!
这道题哪儿有那么难哪!

532 **男女** nánnǚ *n.* man and woman

我们学校的男女比例为5∶3。
男女平等的观念已经被越来越多的人接受。

533 **男士** nánshì *n.* man, gentleman

那位站着的男士,请你先坐下。
男士在三层体检(tǐjiǎn, give/take a physical examination),请您上楼。

534 **难免** nánmiǎn *adj.* inevitable

你这么忙,难免会忘记一些事。
年轻人经验不足,工作中难免会出错。

535 **脑袋** nǎodai *n.* head

小明的脑袋被篮球打了一下儿。
他满脑袋都是工作,连吃饭都忘了。

536 **闹** nào

(1) *adj.* noisy
这里太闹了,没法儿看书。
他在北京的闹市又开了一家店。
(2) *v.* make a noise, make a fuss
他和父亲吵了一架,在家里大闹起来。
见妈妈没有答应他的要求,这孩子马上又哭又闹起来。

537 **闹钟** nàozhōng *n.* alarm clock

闹钟响了,你快点儿起床吧。
如果第二天有考试,她会定好闹钟,然后早早上床睡觉。

538 **内部** nèibù *n.* inside

这家公司内部存在着很多的问题。
这个机器的内部结构很复杂,需要专业的人来修。

539 **内科** nèikē *n.* (department of) internal medicine

这家医院的内科很有名。
他的父亲是一名内科医生。

你肚子疼的话，可以去挂内科看看。

540　**能干**　　nénggàn　　*adj.*　　competent, capable, able

你真是太能干了！
他是个很能干的人，一边工作一边照顾家庭。

◎ **速练**　Quick practice

一、先根据词语写拼音，再将词语和正确的英文释义连起来
Write Pinyin according to the words, and then match the words with the correct English definitions.

1. 默默 _____　　A. competent, capable, able

2. 描写 _____　　B. inside

3. 名片 _____　　C. head

4. 模型 _____　　D. man and woman

5. 能干 _____　　E. describe

6. 内部 _____　　F. silently, quietly

7. 脑袋 _____　　G. business card, calling card, visiting card

8. 男女 _____　　H. (scale) model

二、选择合适的词语填空　Choose the right words and fill in the blanks.

（一）　A. 描写　　B. 名人　　C. 模型　　D. 哪怕　　E. 名牌儿

1. 小明的家里摆满了各种各样的汽车 ____。
2. 我真的没钱吃饭了，你 ____ 借给我20块钱都行。
3. 老师让我们 ____ 春天的景色。
4. 这种 ____ 产品一直很受欢迎。
5. 李友给很多 ____ 拍过照。

（二）　A. 摸　　B. 末　　C. 哪　　D. 名片　　E. 默默

1. 这是我的 ____，有需要的话跟我联系。
2. 大爷，过马路要注意安全 ____！
3. 这个周 ____ 有空儿吗？我们一起去看张老师吧。
4. 谢谢你总是 ____ 地帮助同学们。
5. 你的手那么脏，不要用手 ____ 脸。

（三）　　A. 男女　　　B. 男士　　　C. 脑袋　　　D. 闹钟　　　E. 模特儿

1. 看到这些问题，我 ____ 都大了！

2. 这种衣服 ____ 都可以穿。

3. 快点儿把 ____ 关了，吵得我不能睡觉。

4. 她的理想是成为一名服装 ____。

5. 这几种 ____ 香水（xiāngshuǐ, perfume）的味道都不错，您可以试试。

（四）　　A. 内科　　　B. 难免　　　C. 内部　　　D. 闹　　　E. 能干

1. 这几名员工都很 ____。

2. 你不在家，孩子们 ____ 了一天。

3. 这是一种 ____ 常见病。

4. 成功的路上 ____ 会遇到很多困难。

5. 公司 ____ 有不同的意见。

三、选择合适的词语完成句子　Choose the right words to complete the sentences.

1. ____ 服装在二层，儿童服装在三层。

　　A. 男人　　　　B. 男生　　　　C. 男孩儿　　　　D. 男士

2. ____ 你没有听说过长城？

　　A. 难过　　　　B. 难道　　　　C. 难免　　　　D. 避免

3. 他很有做生意的 ____，不到半年就赚（zhuàn, earn）了很多钱。

　　A. 电脑　　　　B. 头脑　　　　C. 口袋　　　　D. 脑袋

4. 我们一起 ____ 张照片吧！

　　A. 打　　　　　B. 抱　　　　　C. 摸　　　　　D. 拍

5. 这是你们家的 ____ 问题，我管不了。

　　A. 内部　　　　B. 中部　　　　C. 北部　　　　D. 全部

第28单元　Unit 28

◎ 目标词语　Target words

541. 宁静	542. 浓	543. 女士	544. 暖气	545. 拍照
546. 排列	547. 牌	548. 盘	549. 盘子	550. 胖子
551. 培训	552. 培训班	553. 培养	554. 培育	555. 批¹（v.）
556. 批²（m.）	557. 片面	558. 品质	559. 平方	560. 平静

◎ 速记　Quick memory

541　宁静　níngjìng　adj.　tranquil, peaceful

这是一个宁静的夜晚。
她过着十分宁静的生活。

542　浓　nóng　adj.　strong, dense

我喜欢喝浓咖啡。
房间里有很浓的酒味。

543　女士　nǚshì　n.　Ms., madam, lady

李女士让我向你问好。
那位穿蓝色裙子的女士真漂亮！

544　暖气　nuǎnqì　n.　heating

我家还没有装暖气。
暖气开了吗？怎么跟外面一样冷！

545　拍照　pāi//zhào　take a photo, take a picture

谢谢你帮我们拍照，拍得真好！
明天要拍集体照，请大家穿校服。

546　排列　páiliè　v.　arrange, align

请把这些数字按照大小排列。
老师让我们重新排列一下儿这些词。

547　牌　pái　n.　board; brand; cards

那个广告牌真漂亮！
这个是长城牌的复印机。
你可以把这张牌打出去。

548　盘　pán

（1）n.　plate
妈妈买了一个漂亮的水果盘。
这是中国古代的一个木盘，已经有1000多年的历史了。

（2） m.　　a measure word for plates; a measure word for sth. circling; a measure word for chess and ball games

我们要了一盘饺子、一盘豆腐和一瓶啤酒。
墙角放着一盘电线（diànxiàn, electric wire）。
我和爸爸下了两盘棋（qí, chess）。

549　**盘子**　　pánzi　　n.　　plate, dish

那个盘子里放着几个苹果。
你去把那几个盘子洗干净，我马上要用。

550　**胖子**　　pàngzi　　n.　　fat person, fatty

你再叫我胖子，我就生气了！
小明去年还是一个胖子，今年就瘦下来了。

551　**培训**　　péixùn　　v.　　training

这家公司从明天开始培训新员工。
经过一段时间的培训，他成了一名合格的老师。

552　**培训班**　　péixùnbān　　n.　　training class, training course

我每周要去培训班学一次跳舞。
姐姐参加了一个模特儿培训班，大约要学习5个月的时间。

553　**培养**　　péiyǎng　　v.　　train

她在培养孩子对音乐的兴趣（xìngqù, interest）。
培养孩子需要爱心，也需要耐心（nàixīn, patience）。

554　**培育**　　péiyù　　v.　　cultivate, foster

农业科学院又培育出了一种新苹果。
这片土地培育了很多像她一样的人才。

555　**批**[1]　　pī　　v.　　criticize; officially approve; write instructions or comments

老板把他批了一顿。
公司给我们批了6万块。
夜深了，王老师还在批作业。

556　**批**[2]　　pī　　m.　　batch, group

长城吸引了一批又一批的游客。
店里来了一批新产品，您可以试试。

557　**片面**　　piànmiàn　　adj.　　one-sided

你的想法太片面了。
你不能片面地看问题。

558　**品质**　　pǐnzhì　　n.　　quality

她喜欢有品质的生活。
店里进了一批品质非常好的咖啡。

559 **平方** píngfāng

（1）*n.* square
2 的平方是 4。
小明记住了 1 到 10 的平方分别是多少。
（2）*m.* square meter
这套房的面积不超过 100 平方。
咱们家现在只买得起这个 60 平方的房子。

560 **平静** píngjìng *adj.* quiet, calm

小红平静地接受了这个结果。
看了比赛以后，短时间内很难让心情平静下来。

◎ **速练** Quick practice

一、先根据词语写拼音，再将词语和正确的英文释义连起来
Write Pinyin according to the words, and then match the words with the correct English definitions.

1. 片面 _____   A. board; brand; cards

2. 暖气 _____   B. training class, training course

3. 牌 _____   C. quality

4. 盘子 _____   D. one-sided

5. 胖子 _____   E. square; square meter

6. 培训班 _____   F. plate, dish

7. 品质 _____   G. heating

8. 平方 _____   H. fat person, fatty

二、选择合适的词语填空 Choose the right words and fill in the blanks.

（一） A. 宁静   B. 牌   C. 培训班   D. 品质   E. 浓

1. 我们要想办法提高产品的 ____。

2. 他身上的烟味很 ____。

3. 我打 ____ 打得不好，你能教教我吗？

4. 谁不喜欢 ____ 的校园呢？

5. 她给孩子报名了篮球 ____，一周上三次课。

（二） A. 盘   B. 培养   C. 平方   D. 女士   E. 批

1. 刘小明想把儿子 ____ 成医生。

2. 还有一 ____ 菜没上，你们慢点儿吃。

3. 我们的奖学金申请（shēnqǐng, apply for）学校都 ____ 了。

4. 这里的房子每 ____ 的价格是5000元。

5. 外面有一位 ____ 找你。

（三）　　A. 平静　　　B. 暖气　　　C. 盘子　　　D. 培育　　　E. 拍照

1. 科学家们想 ____ 出更多的植物（zhíwù, plant）。

2. 请大家站好，我们马上就要 ____ 了。

3. ____ 的水面上，停着几只小船。

4. 我先把这些 ____ 洗干净，再和你一起看电影。

5. 要是你觉得冷，就把 ____ 打开。

（四）　　A. 胖子　　　B. 批　　　C. 排列　　　D. 培训　　　E. 片面

1. 我们不能 ____ 地认为上网影响孩子学习。

2. 等这 ____ 学生毕业了，咱们就结婚。

3. 同学们都喜欢叫他 ____，可是他一点儿也不生气。

4. 他的牙 ____ 得不太整齐。

5. 在专业教练的 ____ 下，他踢球踢得越来越好。

三、选择合适的词语完成句子　Choose the right words to complete the sentences.

1. 我的电脑坏了，看不了 ____。

　　A. 盘子　　　　B. 碗　　　　C. 盘　　　　D. 光盘

2. 妹妹是一个 ____ 的小姑娘。

　　A. 平静　　　　B. 宁静　　　　C. 安静　　　　D. 静

3. 妈妈总是 ____ 我，要做一个有理想的人。

　　A. 培训　　　　B. 培育　　　　C. 培养　　　　D. 教育

4. 学生宿舍（sùshè, dormitory）不仅装了 ____ 和空调，还有洗澡间和免费Wi-Fi。

　　A. 暖气　　　　B. 暖和　　　　C. 温暖　　　　D. 寒冷

5. 张老师还在教室里 ____ 作业呢。

　　A. 批　　　　B. 批评　　　　C. 判断　　　　D. 批准

第29单元　Unit 29

◎ 目标词语　Target words

561. 平均	562. 平稳	563. 迫切	564. 破产	565. 妻子
566. 期待	567. 期间	568. 期末	569. 期限	570. 期中
571. 其余	572. 企业	573. 气球	574. 汽水	575. 汽油
576. 器官	577. 前头	578. 前途	579. 浅	580. 巧克力

◎ 速记　Quick memory

561　平均　píngjūn

（1）*v.*　average
5块石头重10斤，<u>平均</u>每块重2斤。
这个月的电费是120块，<u>平均</u>下来每个人30块。
（2）*adj.*　average
<u>平均</u>分
这里的人生活水平很<u>平均</u>。
这次考试，我们班的<u>平均</u>成绩是81分。

562　平稳　píngwěn　*adj.*　smooth, stable

汽车开得又快又<u>平稳</u>。
中国经济将继续保持<u>平稳</u>发展态势（tàishì，state, situation）。

563　迫切　pòqiè　*adj.*　urgent

小明想回国的心情十分<u>迫切</u>。
同学们<u>迫切</u>希望能早点儿放假。

564　破产　pò//chǎn　go broke, go bankrupt

这家公司面临<u>破产</u>的危险。
一场大火使村子里的许多家庭<u>破</u>了<u>产</u>。

565　妻子　qīzi　*n.*　wife

不仅他是名人，他的<u>妻子</u>也是名人。
没有和<u>妻子</u>商量，他就把车买回来了。

566　期待　qīdài　*v.*　expect, look forward to

观众们迫切<u>期待</u>着演出的开始。
中国队和美国队的比赛值得<u>期待</u>。

567　期间　qījiān　*n.*　period

读大学<u>期间</u>，他一直在咖啡馆打工。
在中国留学<u>期间</u>，麦克去了很多地方旅行。

| 568 | **期末** | qīmò | n. | end of a term |

每到期末，老师们都有很多工作。
为了准备期末考试，他已经两天没睡了。

| 569 | **期限** | qīxiàn | n. | deadline, time limit |

我没能在规定期限内完成工作。
我们得为这项工作规定一个期限。

| 570 | **期中** | qīzhōng | n. | midterm, midsemester |

这门课在期中考试以后结束。
我要在期中考试之前看完这本书。

| 571 | **其余** | qíyú | pron. | the rest, the others |

除了汉语词典，其余的书都买到了。
这部分工作由你负责，其余的就交给我吧。

| 572 | **企业** | qǐyè | n. | enterprise |

这是当地最大的一家企业。
企业应该为员工举办专门的业务（yèwù, vocational work）培训。

| 573 | **气球** | qìqiú | n. | balloon |

孩子的手里拿着三只不同颜色的气球。
他看着气球越飞越高，慢慢消失在空中。

| 574 | **汽水** | qìshuǐ | n. | soda water, soft drink |

他们两个人一共喝了五瓶汽水。
你别买这个牌子的汽水，不好喝。

| 575 | **汽油** | qìyóu | n. | gasoline |

汽油的价格越来越高。
他一闻到汽油的味道就恶心。

| 576 | **器官** | qìguān | n. | organ |

人具有多种感觉器官和运动器官。
我们每个人的发音器官都基本相同。

| 577 | **前头** | qiántou | n. | (in space/location) the front |

前头那个人是不是张老师？
一个女同学跑到了最前头。

| 578 | **前途** | qiántú | n. | future |

他是一位很有前途的青年画家。
员工的个人前途与企业的前途紧密联系在一起。

| 579 | **浅** | qiǎn | adj. | shallow; light |

这条河很浅，河面很平静。
这座城市给我留下的印象很浅。

580 **巧克力**　qiǎokèlì　*n.*　chocolate

买这么多巧克力，你吃得完吗？
儿子吃完饭，又吃了两块巧克力。

◎ **速练**　Quick practice

一、先根据词语写拼音，再将词语和正确的英文释义连起来
Write Pinyin according to the words, and then match the words with the correct English definitions.

1. 迫切 _____　　A. (in space/location) the front

2. 前途 _____　　B. gasoline

3. 前头 _____　　C. urgent

4. 巧克力 _____　　D. soda water, soft drink

5. 器官 _____　　E. future

6. 汽油 _____　　F. enterprise

7. 汽水 _____　　G. chocolate

8. 企业 _____　　H. organ

二、选择合适的词语填空　Choose the right words and fill in the blanks.

（一）　A. 平均　　B. 期待　　C. 平稳　　D. 其余　　E. 器官

1. 这些是给你买的，____ 的都是给妈妈的。

2. 我们看东西都要经过眼睛这个感觉 ____。

3. 他写字写得很快，____ 每分钟能写 40 个汉字。

4. 小明对这次旅行十分 ____。

5. 车子 ____ 地开过那条路，停在了一棵树下。

（二）　A. 期间　　B. 企业　　C. 前头　　D. 迫切　　E. 期末

1. 要是 ____ 考试考得不好，你就不能去北京玩儿。

2. 在校 ____，他不仅成绩优秀（yōuxiù, excellent），还多次获奖。

3. 为了保证网课的效果，他 ____ 需要买一台新电脑。

4. 学校将和不同的 ____ 开展合作。

5. 怎么不动了，____ 堵车了吗？

（三）　　A. 气球　　B. 前途　　C. 破产　　D. 期限　　E. 汽水

1. 由于老板不懂经营，这家工厂很快就 ____ 了。

2. 他把冰箱里的 ____ 都喝完了。

3. 老师给每个小朋友发了一个 ____。

4. 不努力的人是没有 ____ 的。

5. 什么时候还钱给我？给我一个 ____。

（四）　　A. 浅　　B. 妻子　　C. 期中　　D. 汽油　　E. 巧克力

1. 这门课取消了 ____ 考试。

2. 小张要去机场接他的 ____。

3. 附近有加油站吗？____ 快没了。

4. 她收到了一盒 ____ 和一块表。

5. 小明喜欢穿 ____ 色的衣服。

三、选择合适的词语完成句子　Choose the right words to complete the sentences.

1. 不管比赛结果怎么样，他都很 ____。

　　A. 平稳　　　B. 平静　　　C. 公平　　　D. 平等

2. 味道有点儿 ____，还得再放点儿盐。

　　A. 浅　　　B. 淡　　　C. 满　　　D. 深

3. 考试 ____，考生不能用手机。

　　A. 长期　　　B. 定期　　　C. 期限　　　D. 期间

4. 你到 ____ 去等我，我跟他说几句话就来找你。

　　A. 前头　　　B. 面前　　　C. 目前　　　D. 前后

5. 教室里一共有5名同学，____ 有3名是新来的。

　　A. 其余　　　B. 其实　　　C. 其中　　　D. 其次

第 30 单元　Unit 30

◎ **目标词语**　Target words

581. 切	582. 亲爱	583. 亲密	584. 青春	585. 轻松
586. 轻易	587. 清醒	588. 情景	589. 穷	590. 穷人
591. 秋季	592. 趋势	593. 圈	594. 权利	595. 却
596. 确认	597. 然而	598. 燃料	599. 燃烧	600. 热闹

◎ **速记**　Quick memory

581　**切**　qiē　*v.*　chop, cut

切菜的时候小心，别切到手了。
先把苹果切成小块儿，然后放到盘子里。

582　**亲爱**　qīn'ài　*adj.*　dear, beloved

亲爱的朋友，你最近怎么样？
亲爱的妈妈，祝你生日快乐！

583　**亲密**　qīnmì　*adj.*　intimate, close

她和姐姐的关系十分亲密。
他们成了非常亲密的朋友。

584　**青春**　qīngchūn　*n.*　youth

从青春到老年，他一直生活在这座城市。
军人把青春献（xiàn, dedicate）给了国家。

585　**轻松**　qīngsōng　*adj.*　relaxed, easy

他很轻松地完成了今天的工作。
检查结果出来以后，我的心情轻松多了。

586　**轻易**　qīngyì

（1）*adj.*　easy
胜利不是轻易得到的。
（2）*adv.*　casually, rashly
他从不轻易发表意见。
不要轻易改变自己的决定。

587　**清醒**　qīngxǐng

（1）*adj.*　sober, clear
张老师是一个头脑清醒的人。
他对自己的前途有着清醒的认识。
（2）*v.*　come to life, sober up
病人已经清醒过来了。

洗脸可以让人清醒。

588 **情景** qíngjǐng *n.* situation, scene

和南方相比，北方的冬天是另一种情景。
如果没有历史记载，我们很难了解当时的具体情景。

589 **穷** qióng *adj.* poor

小明穷得连吃饭的钱都没有了。
只要认真努力工作，平时再节省一些，就不会穷。

590 **穷人** qióngrén *n.* the poor

他一年赚10万块钱，还能算穷人？
他说自己是个穷人，其实一点儿也不穷。

591 **秋季** qiūjì *n.* autumn, fall

有很多水果在秋季成熟。
新的规定从今年秋季开始实行。

592 **趋势** qūshì *n.* trend, tendency

网课符合现代教育的发展趋势。
学中文的人数出现了上升趋势。

593 **圈** quān

（1）*n.* circle
小明在黑板上画了一个圈。
下课以后，一圈人围着老师问问题。
（2）*v.* enclose, encircle
他们用一张网圈住了很多鱼。
你不能把自己圈在家里，要多出去走走。

594 **权利** quánlì *n.* right

每个孩子都有上学的权利。
法律一定会保护你的权利。

595 **却** què *adv.* yet, however

他累极了，却因为害怕不敢入睡。
这辆汽车看着小，车内的空间却很大。

596 **确认** quèrèn *v.* confirm

我要和你确认一下儿出发的时间。
这个结果进一步确认了我的想法。

597 **然而** rán'ér *conj.* but, however

她已经很努力了，然而还是失败了。
说好了一起去看电影，然而他一直没有来。

598 **燃料** ránliào *n.* fuel

木头是一种燃料。

公司又购买了一大批燃料。

599 **燃烧** ránshāo *v.* burn

这种燃料可以燃烧很长时间。
那个广告牌忽然燃烧起来了，快打119！

600 **热闹** rènɑo

（1）*adj.* bustling
春节前，商场里十分热闹。
新天地广场是上海最热闹的地方之一。
（2）*v.* have a jolly good time
这条街天黑以后就热闹起来了，有很多人来这儿吃饭。
我们准备组织（zǔzhī, organize）一个聚会，大家一起热闹一下儿。

◎ 速练　Quick practice

一、先根据词语写拼音，再将词语和正确的英文释义连起来
Write Pinyin according to the words, and then match the words with the correct English definitions.

1. 圈 ＿＿＿＿＿＿　　　A. youth
2. 青春 ＿＿＿＿＿＿　　B. circle; enclose, encircle
3. 穷人 ＿＿＿＿＿＿　　C. burn
4. 秋季 ＿＿＿＿＿＿　　D. the poor
5. 趋势 ＿＿＿＿＿＿　　E. right
6. 燃料 ＿＿＿＿＿＿　　F. autumn, fall
7. 燃烧 ＿＿＿＿＿＿　　G. trend, tendency
8. 权利 ＿＿＿＿＿＿　　H. fuel

二、选择合适的词语填空　Choose the right words and fill in the blanks.

（一）　A. 切　　B. 轻易　　C. 秋季　　D. 确认　　E. 亲爱

1. 已经 ＿＿＿ 了，这个包是张明明的。
2. ＿＿＿ 的同学们，希望大家毕业以后保持联系。
3. 妈妈正在给客人 ＿＿＿ 西瓜。
4. 她做任何事都不会 ＿＿＿ 放弃。
5. 一到 ＿＿＿，这儿的景色就十分迷人（mírén, charming）。

（二） A. 清醒　　B. 趋势　　C. 然而　　D. 亲密　　E. 情景

1. 你们是我最 ____ 的朋友。

2. 长这么大，我还没见过这种 ____。

3. 他是一个头脑 ____ 的人。

4. 老师说了很多话，____ 他一句也没听懂。

5. 学习中文是一种 ____。

（三） A. 圈　　B. 燃料　　C. 青春　　D. 穷　　E. 权利

1. 选谁当班长是你的 ____，我们不管。

2. 他去操场跑了三 ____。

3. 我们必须节约 ____。

4. 小明最近有点儿 ____，连吃饭的钱都是找朋友借的。

5. 妈妈的 ____ 是在这儿度过的。

（四） A. 燃烧　　B. 轻松　　C. 穷人　　D. 却　　E. 热闹

1. 对小明来说，跑 800 米十分 ____。

2. 外面 ____ 极了，我们出去逛逛吧。

3. 这根木头 ____ 了一个小时。

4. 她想说的有很多，现在 ____ 一句话也说不出来。

5. 我这个 ____ 买不起这么贵的房子。

三、选择合适的词语完成句子　Choose the right words to complete the sentences.

1. 妈妈 ____ 不会答应我们的要求。
   A. 轻松　　　B. 轻易　　　C. 容易　　　D. 困难

2. 他不戴眼镜就看不 ____ 老师写的字。
   A. 清楚　　　B. 情景　　　C. 清醒　　　D. 安静

3. 爷爷喜欢 ____，一到假期我们就回家陪他。
   A. 热爱　　　B. 热情　　　C. 热烈　　　D. 热闹

4. 他们俩表现得非常 ____，其实关系并不好。
   A. 亲爱　　　B. 亲切　　　C. 亲密　　　D. 紧密

5. 邮件已经发给你了，请 ____ 一下儿。
   A. 确实　　　B. 确认　　　C. 确定　　　D. 确保

第 31 单元　Unit 31

◎ **目标词语**　Target words

601. 热心	602. 人家	603. 日记	604. 日历	605. 如今
606. 弱	607. 伞	608. 散	609. 扫	610. 色
611. 色彩	612. 森林	613. 晒	614. 闪	615. 闪电
616. 善良	617. 善于	618. 伤害	619. 商务	620. 赏

◎ **速记**　Quick memory

601　**热心**　rèxīn　*adj.*　kind-hearted, enthusiastic

　　我对这件事怎么也<u>热心</u>不起来。
　　他<u>热心</u>地给我们介绍当地的特色美食。

602　**人家**　rénjia　*pron.*　other (people, etc.), others; I

　　<u>人家</u>都不想去，就你想去。
　　<u>人家</u>想吃苹果，不想吃香蕉。

603　**日记**　rìjì　*n.*　diary

　　小明有写<u>日记</u>的习惯。
　　老师要求我们每周写三篇<u>日记</u>。

604　**日历**　rìlì　*n.*　calendar

　　你可以在手机上查<u>日历</u>。
　　我查了一下儿<u>日历</u>，2023年的春节是1月22号。

605　**如今**　rújīn　*n.*　present, nowadays

　　到<u>如今</u>，这样的车已经很难见到了。
　　小时候听过的歌，他到<u>如今</u>都还记得。

606　**弱**　ruò　*adj.*　weak, feeble

　　小明的病还没好，现在身体比较<u>弱</u>。
　　他看起来很<u>弱</u>，没想到功夫这么好！

607　**伞**　sǎn　*n.*　umbrella

　　小明一只手打<u>伞</u>，一只手拿包。
　　这把雨<u>伞</u>坏了，我要再买一把。

608　**散**　sàn　*v.*　disperse; distribute, give out; dispel, relieve

　　请大家<u>散</u>开，不要堵在这儿。
　　花园里<u>散</u>满花香。
　　我打算出去旅游，<u>散散</u>心。

609 **扫** sǎo v. sweep, clear away

班长把教室扫了一遍。
地上有点儿脏,你扫一下儿。

610 **色** sè n. color; look; kind; scene

我喜欢这件红色的衣服。
你的脸色(liǎnsè,look)不太好,是不是身体不舒服?
这里有各色商品,你可以慢慢选。
这里的景色美极了!

611 **色彩** sècǎi n. color; atmosphere

这幅画儿色彩丰富,很受孩子们的喜欢。
这个故事充满了浪漫(làngmàn,romantic)的色彩。

612 **森林** sēnlín n. forest, woods

森林里住着很多动物。
我家附近有一片森林,我们常常去那儿散步。

613 **晒** shài v. bask, dry in the sun

爷爷喜欢在院子里晒太阳。
出太阳了,快把这些衣服拿出去晒一晒。

614 **闪** shǎn v. flash; dodge

灯一闪一闪的,是不是坏了?
那辆车开过来了,你快闪开!

615 **闪电** shǎndiàn n. lightning

一道闪电照亮了天空。
飞机的速度很快,像闪电一样。

616 **善良** shànliáng adj. good and honest, kind-hearted

她有一颗善良的心。
这对善良的夫妻帮助了很多没钱上学的孩子。

617 **善于** shànyú v. be good at, be adept in

张老师很善于做学生的思想工作。
小明善于发现问题,还总能找到办法。

618 **伤害** shānghài v. harm, hurt

喝太多酒会伤害身体。
这样的批评会让孩子受到伤害。

619 **商务** shāngwù n. business, business affairs

王老板正在国外进行商务谈判。
我们公司的商务代表团今天出发了。

620 赏　　shǎng　　v.　　grant; enjoy, admire

国王（guówáng，king）赏给那个士兵一匹马。
春天是赏花的好时候。

◎ 速练　Quick practice

一、先根据词语写拼音，再将词语和正确的英文释义连起来
Write Pinyin according to the words, and then match the words with the correct English definitions.

1. 热心 _____　　A. forest, woods

2. 伤害 _____　　B. kind-hearted, enthusiastic

3. 善良 _____　　C. color; atmosphere

4. 闪电 _____　　D. present, nowadays

5. 色彩 _____　　E. calendar

6. 森林 _____　　F. harm, hurt

7. 日历 _____　　G. good and honest, kind-hearted

8. 如今 _____　　H. lightning

二、选择合适的词语填空　Choose the right words and fill in the blanks.

（一）　A. 热心　　B. 弱　　C. 色彩　　D. 善良　　E. 人家

1. ____ 能做到的事，我也能。

2. 这幅画儿的 ____ 很有特点。

3. 张爷爷总是 ____ 地帮助有困难的人。

4. 你能赢不是因为你很强，而是因为对手太 ____ 了。

5. 他很 ____，认为世界上没有坏人。

（二）　A. 伞　　B. 森林　　C. 善于　　D. 日记　　E. 散

1. ____ 利用时间的人更容易取得好成绩。

2. 会议已经结束了，大家 ____ 了吧。

3. 这把绿色的 ____ 是你的吗？

4. 退休以后，我想住到 ____ 里去。

5. 父母要培养孩子写 ____ 的习惯。

（三）　A. 晒　　B. 伤害　　C. 日历　　D. 扫　　E. 闪

1. 有时候司机 ____ 车灯是为了让其他人注意。

2. 这是去年的 ____，该换新的了。

3. 小孩子的脸很容易被太阳 ____ 伤。

4. 你这么做会 ____ 他的感情。

5. 今天谁负责 ____ 地？

（四）　　A. 商务　　B. 如今　　C. 色　　D. 闪电　　E. 赏

1. 下雨时常常能看到 ____。

2. 男孩子一般对 ____ 花没什么兴趣。

3. 这两个国家下个月要进行 ____ 谈判。

4. ____ 这儿的房子已经买不到了。

5. 水是无 ____ 无味的。

三、选择合适的词语完成句子　Choose the right words to complete the sentences.

1. 他很 ____ 发现工作中的问题。
   A. 属于　　　　B. 高于　　　　C. 善于　　　　D. 由于

2. 那些窗户都 ____ 干净了吗？
   A. 擦　　　　　B. 打　　　　　C. 扫　　　　　D. 摸

3. 上海的南京路是一条热闹的 ____ 街。
   A. 商品　　　　B. 商业　　　　C. 商务　　　　D. 商店

4. 只有越来越 ____，才有可能赢。
   A. 弱　　　　　B. 矮　　　　　C. 强　　　　　D. 大

5. 没有这些 ____ 的志愿者，今天的工作不可能完成。
   A. 热心　　　　B. 热烈　　　　C. 热闹　　　　D. 热爱

第 32 单元　Unit 32

◎ **目标词语**　Target words

621. 上个月	622. 上楼	623. 上门	624. 烧	625. 设施
626. 设置	627. 申请	628. 身材	629. 身份	630. 身高
631. 深厚	632. 神话	633. 神秘	634. 甚至	635. 失败
636. 失望	637. 失业	638. 诗	639. 诗人	640. 湿

◎ **速记**　Quick memory

621　**上个月**　shàng ge yuè　　last month

上个月的工资还没有发。
他上个月刚从南京大学毕业。

622　**上楼**　shàng lóu　　go upstairs

楼上的风景更好，你可以上楼去看看。
妈妈让我把这些鸡蛋提上楼，可是我把鸡蛋都打碎了。

623　**上门**　shàng//mén　　visit, pay a visit

我们公司可以上门洗车，为您节省时间。
如果不能送货上门的话，我就不考虑了。

624　**烧**　shāo　　*v.*　　burn

她把大学时的照片都烧了。
上次买的燃料已经烧完了。

625　**设施**　shèshī　　*n.*　　facility

小区里有很多体育设施，可以锻炼身体。
这几年国家大力改善城市的交通设施，堵车问题好了很多。

626　**设置**　shèzhì　　*v.*　　set, offer

我还没给新手机设置密码。
学校会根据学生的情况设置课程。

627　**申请**　shēnqǐng　　*v.*　　apply for

他已经向学校申请了奖学金。
这家公司已经提出了破产申请。

628　**身材**　shēncái　　*n.*　　stature, figure

哥哥身材高大，很适合打篮球。
因为她的身材很好，所以加入了学校的模特儿队。

629 **身份** shēn·fèn *n.* identity

学生证可以证明我的身份。
哥哥这次以记者的身份去中国考察。

630 **身高** shēngāo *n.* height

弟弟才14岁，身高已经1.8米了。
有些工作对身高有要求，比如说空姐。

631 **深厚** shēnhòu *adj.* deep, profound

小明有深厚的文学基础，他想当作家。
他在中国生活了三十年，对中国有深厚的感情。

632 **神话** shénhuà *n.* myth

每个民族都有自己的神话传说。
这本书里有很多神话故事，孩子很喜欢看。

633 **神秘** shénmì *adj.* mysterious, mystical

墙上出现了一个神秘的符号，谁也不认识。
他们两个神神秘秘的，不知道在说什么。

634 **甚至** shènzhì *conj.* even

好几年没说中文，我甚至连"你好"都忘了。
有些孩子不仅没上过网，甚至连电脑都没见过。

635 **失败** shībài

（1）*v.* fail
每一次失败都是有原因的。
他很善于在失败中总结经验。
（2）*adj.* unsuccessful
这次活动组织得太失败了。
小明觉得自己活得很失败。

636 **失望** shīwàng *adj.* disappointed

对不起，我又让你失望了。
看到孩子失望的样子，妈妈心里非常难过。

637 **失业** shī//yè be unemployed, lose one's job

要是你不想失业，就好好工作。
他是什么时候失的业？

638 **诗** shī *n.* poem

他很浪漫，常常为女朋友写诗。
老师让我们把这首（shǒu, a measure word for songs and poems）诗背下来。

639 **诗人** shīrén *n.* poet

李白是中国古代伟大的诗人。
中国古代出现了很多优秀的诗人。

640 湿　shī　*adj.*　wet, humid, damp

你怎么把湿衣服穿上了？
刚刚下了雨，地上都是湿的。

◎ 速练　Quick practice

一、先根据词语写拼音，再将词语和正确的英文释义连起来
Write Pinyin according to the words, and then match the words with the correct English definitions.

1. 上门 _____　　A. fail; unsuccessful

2. 设施 _____　　B. mysterious, mystical

3. 身份 _____　　C. visit, pay a visit

4. 神话 _____　　D. poet

5. 神秘 _____　　E. facility

6. 失败 _____　　F. wet, humid, damp

7. 诗人 _____　　G. myth

8. 湿 _____　　H. identity

二、选择合适的词语填空　Choose the right words and fill in the blanks.

（一）　A. 上个月　　B. 设置　　C. 深厚　　D. 失望　　E. 上楼

1. 我和这只小狗建立了 ____ 的感情。
2. 我那么信任你，你竟然骗（piàn，deceive, cheat）我，我对你太 ____ 了！
3. 哥哥 ____ 看完了两本书。
4. 李老师刚刚 ____ 去了，你去306办公室找她吧。
5. 老师让我们给自己的电脑 ____ 密码。

（二）　A. 申请　　B. 神话　　C. 失业　　D. 上门　　E. 身材

1. 他已经 ____ 半年了，一直没找到工作。
2. 志愿者会 ____ 登记大家的信息。
3. 她对自己的 ____ 有很高的要求。
4. 爷爷给小明讲了很多 ____ 故事。
5. 大学毕业后，哥哥 ____ 去农村工作。

（三）　　A. 神秘　　B. 烧　　C. 诗　　D. 甚至　　E. 身份

1. 老师讲课的声音很大，____ 在教室外面都能听见。

2. 这个孩子能背两百多首 ____。

3. 你现在的 ____ 是学生，就应该好好学习。

4. 他收到了一份 ____ 的礼物。

5. 我想把这些信都 ____ 了。

（四）　　A. 诗人　　B. 设施　　C. 身高　　D. 失败　　E. 湿

1. 请大家爱护学校里的公共 ____。

2. 小明才十岁，但他的 ____ 已经超过了妈妈。

3. 你的衣服怎么 ____ 了？

4. 这是我最喜欢的 ____ 写的诗。

5. 真没想到，准备了这么久，还是 ____ 了。

三、选择合适的词语完成句子　Choose the right words to complete the sentences.

1. 那道彩虹（cǎihóng，rainbow）很快就 ____ 了。

　　A. 失望　　　　B. 失败　　　　C. 失去　　　　D. 消失

2. 这些衣服都是我妈妈 ____ 的。

　　A. 设置　　　　B. 建设　　　　C. 设计　　　　D. 设立

3. 如果公司倒闭了，大家都会 ____。

　　A. 开业　　　　B. 就业　　　　C. 失业　　　　D. 失去

4. 对我来说，和大学时认识的朋友感情最 ____。

　　A. 深刻　　　　B. 深厚　　　　C. 深入　　　　D. 厚

5. 小明把 ____ 的钱都花完了才回家。

　　A. 身材　　　　B. 身高　　　　C. 身体　　　　D. 身上

第 33 单元　Unit 33

◎ **目标词语**　Target words

641. 实施	642. 实用	643. 食堂	644. 使劲	645. 士兵
646. 市区	647. 似的	648. 事物	649. 事先	650. 试卷
651. 是否	652. 收回	653. 收获	654. 收益	655. 手工
656. 手里	657. 手术	658. 手套	659. 守	660. 首

◎ **速记**　Quick memory

641　**实施**　shíshī　*v.*　put into effect, implement

我们要实施新的工作计划。
新的交通法从下个月开始实施。

642　**实用**　shíyòng　*adj.*　practical

我更喜欢实用一点儿的礼物。
这本书中有一些非常实用的教学方法。

643　**食堂**　shítáng　*n.*　dining hall, canteen

食堂的菜比你做的好吃多了。
周一到周五，张老师都在食堂吃饭。

644　**使劲**　shǐ//jìn　put in energy, exert all one's strength

这个门要使劲推才推得动。
不行，我这只手使不上劲。

645　**士兵**　shìbīng　*n.*　soldier

这群士兵来自不同的地方。
这名年轻的士兵又一次出色地完成了任务。

646　**市区**　shìqū　*n.*　downtown, urban area

机场距离市区15公里。
从这儿开车去市区需要一个半小时。

647　**似的**　shìde　*pt.*　as if

她笑得像朵花似的。
你已经30岁了，别像个孩子似的。

648　**事物**　shìwù　*n.*　object, thing

谁不喜欢美好的事物呢？
新事物不断出现，我们应该坚持学习。

649 **事先** shìxiān n. beforehand, in advance

这些座位都是事先安排好的。
我事先并不知道今天要开会。

650 **试卷** shìjuàn n. test paper, examination paper

考试结束以后，老师留在教室里整理试卷。
这次的数学试卷是张老师和李老师一起出的。

651 **是否** shìfǒu adv. whether or not, if…or not

你是否看懂了这首诗？
你是否愿意参加口语比赛？

652 **收回** shōu//huí take back, withdraw

送出去的礼物怎么能收回呢？
说出去的话就收不回了。

653 **收获** shōuhuò

（1）v. receive, get
今天是个好日子，因为我收获了两份礼物。
在今天的比赛中，中国队一共收获了五块金牌。
（2）n. gains
只有付出了才会有收获。
请大家谈谈这学期的学习收获。

654 **收益** shōuyì n. profit, earnings

我们要想办法增加公司的收益。
对旅游城市来说，游客越多，收益越多。

655 **手工** shǒugōng n. handicraft; handwork

这些家具都是手工制作的。
姐姐喜欢做手工，家里有很多她做的小东西。

656 **手里** shǒu li in one's hands

哥哥手里的那块表非常贵。
猜（cāi, guess）一猜我的手里有什么。

657 **手术** shǒushù n. operation, surgery

医生建议他尽快做手术。
张医生明天要做两台手术。

658 **手套** shǒutào n. glove, mitten

妈妈给孩子戴上了暖和的手套。
这副（fù, a measure word for complete set of things）手套是给姐姐买的。

659 **守** shǒu v. defend, guard, keep watch

我们应该派两个人守在门口。
小明生病了，妈妈一直守在他身边。

660 首　shǒu　m.　*a measure word for songs and poems*

请你给我一首歌的时间。
这首诗写得真好。

◎ **速练**　Quick practice

一、先根据词语写拼音，再将词语和正确的英文释义连起来
Write Pinyin according to the words, and then match the words with the correct English definitions.

1. 市区 _____　　　A. handicraft; handwork

2. 士兵 _____　　　B. profit, earnings

3. 实施 _____　　　C. downtown, urban area

4. 食堂 _____　　　D. operation, surgery

5. 收益 _____　　　E. glove, mitten

6. 手工 _____　　　F. soldier

7. 手术 _____　　　G. put into effect, implement

8. 手套 _____　　　H. dining hall, canteen

二、选择合适的词语填空　Choose the right words and fill in the blanks.

（一）　　A. 实施　　B. 市区　　C. 是否　　D. 手里　　E. 实用

1. 这种衣服在北方很 ____，在南方就用不着了。
2. 她把 ____ 的钱包抓得很紧。
3. 你 ____ 有兴趣和我一起去看电影？
4. 小明打算从明天开始 ____ 新的学习计划。
5. 在 ____ 开车得慢一点儿。

（二）　　A. 似的　　B. 收回　　C. 手术　　D. 食堂　　E. 事物

1. 医生正在给她做 ____。
2. 学校 ____ 的饭菜越来越好吃了。
3. 他对所有的新 ____ 都没兴趣。
4. 湖水像镜子 ____。
5. 他终于 ____ 了借出去的钱。

（三）　　A. 收获　　　B. 手套　　　C. 事先　　　D. 使劲　　　E. 收益

1. 今年店里的 ____ 还不错，老板打算再开一家店。

2. 他们 ____ 地往教室跑，结果还是迟到了。

3. 这副 ____ 是哥哥的，他说可以给你用。

4. 这次旅行，你有什么 ____ ？

5. 同学们把 ____ 准备好的花送给了张老师。

（四）　　A. 守　　　B. 士兵　　　C. 试卷　　　D. 手工　　　E. 首

1. 我在学校里看到了一些 ____ ，他们在这儿训练。

2. 妈妈买了一些 ____ 饺子，听说很好吃。

3. 老师让班长 ____ 在教室门口，等小明来了，就马上告诉大家。

4. 爷爷每天教我一 ____ 古诗。

5. 老师让我们把 ____ 上的错误改过来。

三、选择合适的词语完成句子　Choose the right words to complete the sentences.

1. 我们应该从 ____ 出发想解决办法。

　　A. 实用　　　　B. 实际　　　　C. 实现　　　　D. 实在

2. 世界上充满了美好的 ____ ，要善于发现。

　　A. 事物　　　　B. 事情　　　　C. 好事　　　　D. 本事

3. 今天要给大家介绍一 ____ 中文歌。

　　A. 篇　　　　　B. 个　　　　　C. 首　　　　　D. 张

4. 他还没 ____ 我寄给他的礼物。

　　A. 收到　　　　B. 收入　　　　C. 收获　　　　D. 收回

5. 本公司生产的产品美观 ____ ，很受欢迎。

　　A. 常用　　　　B. 利用　　　　C. 费用　　　　D. 实用

第 34 单元　Unit 34

◎ **目标词语**　Target words

661. 受不了	662. 售货员	663. 叔叔	664. 舒适	665. 熟练
666. 暑假	667. 树林	668. 树叶	669. 数据	670. 数码
671. 刷	672. 刷牙	673. 刷子	674. 帅	675. 帅哥
676. 率先	677. 睡着	678. 顺序	679. 说不定	680. 说服

◎ **速记**　Quick memory

661　受不了　shòubuliǎo　*v.*　cannot stand, be unbearable

他的态度真让人受不了。
天气热得人受不了，快把空调打开吧。

662　售货员　shòuhuòyuán　*n.*　salesperson

她在商店当售货员。
这里的售货员对客人十分热情。

663　叔叔　shūshu　*n.*　uncle, father's younger brother

陈叔叔是一名律师。
我的叔叔教我学中文。

664　舒适　shūshì　*adj.*　comfortable

这里的环境非常舒适。
在家的日子让人觉得很舒适。

665　熟练　shúliàn　*adj.*　skilled, proficient

小明开车开得熟练极了。
别看他才三岁，他能熟练地使用手机。

666　暑假　shǔjià　*n.*　summer vacation, summer holiday

放暑假了，你准备做什么？
去年暑假小明学会了骑自行车。

667　树林　shùlín　*n.*　woods, grove

河边有一片树林。
爸妈喜欢去附近的树林里散步。

668　树叶　shùyè　*n.*　leaf

秋天来了，树叶都变黄了。
我要把这片美丽的树叶放在书里。

669 **数据** shùjù *n.* data, information

这些数据可靠吗？
这些是最新的人口数据。

670 **数码** shùmǎ *n.* digital

小明对数码产品非常感兴趣。
李老师又买了一台数码照相机。

671 **刷** shuā *v.* brush; paint

她把球鞋刷得很干净。
我想把这间房子的墙刷一下儿。

672 **刷牙** shuā yá brush one's teeth

妈妈正在教明明刷牙。
他每天至少刷三次牙。

673 **刷子** shuāzi *n.* brush

我要去买把刷子刷墙。
你可以用这把刷子刷鞋。

674 **帅** shuài *adj.* handsome, smart

哥哥打篮球的动作帅极了！
办公室新来的这个小伙子长得真帅啊！

675 **帅哥** shuàigē *n.* handsome guy

快看！那儿有一个帅哥。
我们办公室里都是些帅哥和美女。

676 **率先** shuàixiān *adv.* first

她超过了我，率先跑完了800米。
小明已经率先完成了今天的工作。

677 **睡着** shuìzháo be asleep, fall asleep

妈妈睡着了，我们说话声音小一点儿。
等孩子睡着以后，我们再商量这件事。

678 **顺序** shùnxù *n.* order, sequence

大家按名字顺序排队上车。
请按从大到小的顺序排列这些数字。

679 **说不定** shuōbudìng

（1）*v.* not decide
到底能不能参加比赛，现在还说不定。
（2）*adv.* perhaps
她说不定不来了。
我不在的时候，你说不定又偷吃了巧克力。

680 说服　shuōfú　v.　persuade, convince

小明终于被我们说服了。
我想说服妈妈让我去中国留学。

◎ 速练　Quick practice

一、先根据词语写拼音，再将词语和正确的英文释义连起来
Write Pinyin according to the words, and then match the words with the correct English definitions.

1. 率先 _____　　　A. skilled, proficient

2. 刷子 _____　　　B. digital

3. 顺序 _____　　　C. leaf

4. 售货员 _____　　D. first

5. 熟练 _____　　　E. brush

6. 数码 _____　　　F. summer vacation, summer holiday

7. 树叶 _____　　　G. salesperson

8. 暑假 _____　　　H. order, sequence

二、选择合适的词语填空　Choose the right words and fill in the blanks.

（一）　A. 受不了　　B. 叔叔　　C. 熟练　　D. 树林　　E. 售货员

1. ____ 去帮我找小一号的鞋子了。
2. 小美喜欢在宿舍旁边的 ____ 里读书。
3. ____ 正在教我们开车。
4. 南京的夏天真是太热了，在外面待5分钟都 ____。
5. 你的动作越来越 ____ 了，表演的时候一定没问题。

（二）　A. 舒适　　B. 暑假　　C. 树叶　　D. 数据　　E. 刷牙

1. 我想去山里过 ____，那儿的空气好，还凉快。
2. 这棵树的 ____ 已经都黄了。
3. 她把房间布置得很 ____。
4. 猫需不需要 ____？
5. 这些 ____ 你是怎么得到的？

（三）　　A. 帅哥　　B. 顺序　　C. 数码　　D. 刷子　　E. 率先

1. 这把 ____ 已经用了很多年了，需要买一把新的。

2. 很多运动员都是 ____。

3. 请同学们按 ____ 回答问题。

4. 这是一台 ____ 照相机。

5. 他 ____ 站出来帮助老人。

（四）　　A. 说不定　　B. 刷　　C. 帅　　D. 睡着　　E. 说服

1. 我昨天晚上直到三点才 ____。

2. 没有足够的理由，你 ____ 不了我。

3. 你有多久没 ____ 这双球鞋了？

4. 哥哥长得越来越 ____。

5. 如果不把要做的事写下来，____ 明天就忘了。

三、选择合适的词语完成句子　　Choose the right words to complete the sentences.

1. 你先 ____ 再来吃早饭。
   A. 刷　　　　B. 刷子　　　　C. 刷牙　　　　D. 划

2. 经理向大家 ____ 了事故的原因。
   A. 批评　　　B. 说服　　　　C. 劝　　　　　D. 说明

3. 很多中国人都有 ____ 的习惯。
   A. 睡着　　　B. 睡觉　　　　C. 睡　　　　　D. 午睡

4. 你的脸色很难看，身体不 ____ 吗？
   A. 舒服　　　B. 舒适　　　　C. 合适　　　　D. 适合

5. 这些实验 ____ 一定要保密。
   A. 数字　　　B. 数据　　　　C. 分数　　　　D. 多数

第 35 单元　Unit 35

◎ **目标词语**　Target words

681. 思考	682. 似乎	683. 松	684. 松树	685. 塑料
686. 塑料袋	687. 酸	688. 酸奶	689. 随手	690. 孙女
691. 孙子	692. 缩短	693. 缩小	694. 台阶	695. 台上
696. 躺	697. 套餐	698. 特价	699. 特殊	700. 特征

◎ **速记**　Quick memory

681　思考　sīkǎo　*v.*　reflect on, think

他很善于思考问题。
经过认真思考，我决定去北京工作。

682　似乎　sìhū　*adv.*　as if, seemingly

你似乎很紧张，发生了什么事？
我似乎认识那个人，但是又想不起来名字。

683　松　sōng

（1）*adj.*　loose
这里的土很松。
他对自己的要求很松。
（2）*v.*　relax; loosen
终于考完了，可以松口气了。
鞋带松了，我要重新系一下儿。

684　松树　sōngshù　*n.*　pine tree

很多人去黄山看松树。
中国人喜欢松树，也喜欢画松树。

685　塑料　sùliào　*n.*　plastic

这把椅子是塑料做的，很轻。
我们的生活中有很多塑料制品（zhìpǐn, product）。

686　塑料袋　sùliàodài　*n.*　plastic bag

超市现在不提供免费塑料袋了。
为了保护环境，我们应该停止使用塑料袋。

687　酸　suān　*adj.*　sour

菜的味道太酸了！
这些苹果一点儿也不酸，甜甜的，很好吃。

| 688 | 酸奶 | suānnǎi | n. | yogurt |

冰箱里还有一瓶酸奶。
这个牌子的酸奶很好喝,我经常买。

| 689 | 随手 | suíshǒu | adv. | conveniently, randomly |

请你出去的时候,随手把门关上。
你总是随手乱放东西,然后就说找不到了。

| 690 | 孙女 | sūn·nǚ | n. | (paternal) granddaughter |

这是她的第一个孙女。
她把这朵花带回家,送给了孙女。

| 691 | 孙子 | sūnzi | n. | (paternal) grandson |

他喜欢念书给孙子听。
张奶奶从孙子孙女那儿得到了很多乐趣。

| 692 | 缩短 | suōduǎn | v. | shorten |

互联网缩短了人与人之间的距离。
自从有了高铁,从武汉去北京的时间缩短到了四个小时。

| 693 | 缩小 | suōxiǎo | v. | narrow, lessen, zoom out |

老师缩小了考试的范围。
你把这张照片缩小一点儿。

| 694 | 台阶 | táijiē | n. | step |

上楼的时候慢一点儿,小心台阶。
这儿的台阶太高了,走起来很累。

| 695 | 台上 | táishàng | n. | stage, platform |

小明正在台上表演呢。
他讲完话,就从台上跳了下来。

| 696 | 躺 | tǎng | v. | lie, recline |

小明躺在沙发上看电视。
我现在只想躺着,太累了。

| 697 | 套餐 | tàocān | n. | set meal |

我们俩点一份双人套餐就够了。
这是火车提供的套餐,你想吃吗?

| 698 | 特价 | tèjià | n. | special offer |

超市里有很多特价商品。
这几种咖啡都是特价的吗?

| 699 | 特殊 | tèshū | adj. | special |

这是一份特殊的礼物。
如果因为特殊情况不能上课,应该向老师请假。

700 　特征　　tèzhēng　　n.　　characteristic, feature

你觉得中文有哪些<u>特征</u>？
那个小偷儿有明显的<u>特征</u>，警察很快就抓到了他。

◎ **速练**　Quick practice

一、先根据词语写拼音，再将词语和正确的英文释义连起来
Write Pinyin according to the words, and then match the words with the correct English definitions.

1. 似乎 _____　　A. pine tree

2. 松 _____　　B. yogurt

3. 松树 _____　　C. characteristic, feature

4. 台阶 _____　　D. special offer

5. 塑料 _____　　E. as if, seemingly

6. 酸奶 _____　　F. plastic

7. 特价 _____　　G. loose; relax; loosen

8. 特征 _____　　H. step

二、选择合适的词语填空　Choose the right words and fill in the blanks.

（一）　A. 思考　　B. 塑料袋　　C. 孙子　　D. 躺　　E. 似乎

1. 张爷爷很喜欢陪 ____ 玩儿。

2. 我要认真 ____ 一下儿你说的问题。

3. 小明 ____ 在草地上，一边晒太阳，一边看书。

4. 他什么作业都不想做，____ 忘了自己是学生。

5. ____ 可以反复使用，你不要乱扔。

（二）　A. 酸　　B. 缩短　　C. 套餐　　D. 松　　E. 酸奶

1. 你把那瓶 ____ 喝了吧，我喝不下了。

2. 别 ____ 手，我害怕。

3. 这道菜好 ____ 啊！你放了多少醋（cù, vinegar）？

4. 考试的时间不能再 ____ 了。

5. 我买了一份儿童 ____，里面有玩具，孩子喜欢。

（三）　　A. 缩小　　　B. 特价　　　C. 松树　　　D. 随手　　　E. 台阶

1. 小明 ____ 擦掉了黑板上的句子。

2. 这些年，我长大了，但爸爸妈妈好像"____"了。

3. 天气越来越热，冬天的衣服正在 ____ 处理。

4. 你怎么坐在 ____ 上？快上来！

5. 校园里有几棵高高的 ____。

（四）　　A. 特殊　　　B. 塑料　　　C. 孙女　　　D. 台上　　　E. 特征

1. 他有一个 ____，还有两个孙子。

2. 你的自行车有什么 ____？我来帮你一起找吧。

3. 这些 ____ 花很漂亮，像真的一样。

4. 这项工作很 ____，你有信心完成吗？

5. 张老师正在 ____ 讲话呢。

三、选择合适的词语完成句子　Choose the right words to complete the sentences.

1. 哥哥正在 ____ 一个数学问题。

　　A. 思考　　　B. 思想　　　C. 考试　　　D. 考核

2. 王小明越跑越快，和第一名的距离不断 ____。

　　A. 矮小　　　B. 大小　　　C. 扩大　　　D. 缩小

3. 请大家 ____ 吃，别客气。

　　A. 随手　　　B. 随便　　　C. 举手　　　D. 对手

4. 画人的时候，首先要找到他的 ____。

　　A. 特殊　　　B. 特别　　　C. 特征　　　D. 独特

5. 新鞋子穿几天就会 ____ 的。

　　A. 松　　　　B. 紧　　　　C. 长　　　　D. 短

第36单元　Unit 36

◎ 目标词语　Target words

701. 提供　　702. 提醒　　703. 体操　　704. 体检　　705. 体重
706. 替　　　707. 替代　　708. 天真　　709. 填　　　710. 填空
711. 挑（tiāo, v.）712. 挑选　713. 调皮　714. 挑（tiǎo, v.）715. 挑战
716. 贴　　　717. 停下　　718. 挺　　　719. 通知书　720. 同情

◎ 速记　Quick memory

701　提供　　tígōng　　v.　　provide

感谢你提供的这些宝贵信息。
公司给员工提供免费的午餐。

702　提醒　　tí//xǐng　　remind, warn

我已经提醒过你很多次了！
再给各位同学提个醒，假期中要注意安全。

703　体操　　tǐcāo　　n.　　gymnastics

这种体操适合老年人练习。
昨天的体操比赛真是太精彩了。

704　体检　　tǐjiǎn　　v.　　give/take a physical examination

学校组织了教师体检。
我要求爸妈每年体检一次。

705　体重　　tǐzhòng　　n.　　(body) weight

最近我的体重又增加了。
你的体重太轻了，要多吃一点儿。

706　替　　tì

（1）v.　　take the place of
你休息吧，我替你洗衣服。
李老师请假了，今天我替她上课。
（2）prep.　　for
子女应该多替父母考虑。
小明得了100分，大家都替他高兴。

707　替代　　tìdài　　v.　　replace

机器人替代不了老师的工作。
很多人工劳动都可以被机器替代。

708 **天真** tiānzhēn *adj.* innocent, naive

你的想法太天真了。
妹妹笑得多么天真啊。

709 **填** tián *v.* fill out

我的申请表已经填好了。
请你把姓名、性别和电话填一下儿。

710 **填空** tián//kòng fill in the blank

这是一道填空题。
10个选词填空我全做错了。

711 **挑** tiāo *v.* choose, select

老师帮我挑了几本学习中文的工具书。
你挑的衣服都很好看,就是有点儿贵。

712 **挑选** tiāoxuǎn *v.* select, pick

经过反复挑选,他们最后买了这套房子。
老师从我们的作文中挑选了三篇写得最好的。

713 **调皮** tiáopí *adj.* naughty

这个孩子太调皮了。
你这孩子,怎么越来越调皮?

714 **挑** tiǎo *v.* lift up; instigate, incite

妈妈挑开窗帘(chuānglián,curtain),看了看外面的天气。
在我和他之间挑事,你有什么好处?

715 **挑战** tiǎo//zhàn challenge

你竟然敢挑战第一名?
他们班向我们班发出了挑战。

716 **贴** tiē *v.* paste

你还没在信封上贴邮票呢。
教室的墙上贴着同学们的作文。

717 **停下** tíngxia stop

快停下,前面有人!
她的手突然停下了。

718 **挺** tǐng *v.* stick out, straighten (physically); endure

爸爸有点儿胖,走路时总是挺着肚子。
工作太累了,我快挺不住了。

719 **通知书** tōngzhīshū *n.* offer, acceptance letter, notification

这是你的录取通知书,请签收。
这几所大学的通知书设计得很有特色。

720 **同情** tóngqíng   v.   sympathize with

我们非常<u>同情</u>你的经历，愿意提供帮助。
我不需要你的<u>同情</u>，我自己可以做到。

◎ **速练**   Quick practice

一、先根据词语写拼音，再将词语和正确的英文释义连起来
Write Pinyin according to the words, and then match the words with the correct English definitions.

1. 天真 _____   A. give/take a physical examination

2. 体操 _____   B. remind, warn

3. 贴 _____   C. naughty

4. 提醒 _____   D. innocent, naive

5. 体检 _____   E. gymnastics

6. 调皮 _____   F. paste

7. 体重 _____   G. offer, acceptance letter, notification

8. 通知书 _____   H. (body) weight

二、选择合适的词语填空   Choose the right words and fill in the blanks.

（一）   A. 提供   B. 替   C. 挑   D. 贴   E. 提醒

1. 哥哥 ____ 我做了很多作业。

2. 出门的时候，妈妈 ____ 我带手机和伞。

3. 学校给老师们 ____ 了休息室，下课的时候可以去那儿休息。

4. 你 ____ 好了没有？我想去别的店看看。

5. 教室的门上 ____ 了一张通知。

（二）   A. 替代   B. 挑选   C. 停下   D. 体操   E. 天真

1. 红红是一个 ____ 可爱的小姑娘。

2. 警察让你 ____，你怎么还不停？

3. 他们准备 ____ 一个好日子结婚。

4. 任何运动都不能 ____ 游泳的作用。

5. 妈妈打算送妹妹去学 ____。

（三）　　A. 调皮　　B. 挺　　C. 体检　　D. 填　　E. 挑

1. 你把窗帘 ____ 开看看外面下没下雨。

2. 你的 ____ 结果在这个信封里。

3. 我想重新 ____ 表，请你再给我一张。

4. 这个孩子虽然有点儿 ____，但是大家都很喜欢他。

5. 坐好！把腰（yāo，waist）____ 直！

（四）　　A. 通知书　　B. 体重　　C. 填空　　D. 挑战　　E. 同情

1. 请用正确的词 ____。

2. 你考得不好，我很 ____ 你，但你还是要自己努力才行。

3. 小明收到了大学的 ____，高兴得不得了。

4. 她正在想办法增加 ____。

5. 哥哥喜欢 ____ 自己。

三、选择合适的词语完成句子　Choose the right words to complete the sentences.

1. 他给我们 ____ 了不少有用信息。
   A. 给予　　B. 提出　　C. 供给　　D. 提供

2. 请从这几种颜色中 ____ 一个你最喜欢的。
   A. 填　　B. 选　　C. 提　　D. 挺

3. 老师不能 ____ 父母在孩子教育过程中的角色。
   A. 替代　　B. 替　　C. 代表　　D. 代理

4. 听了他的打工经历，我很 ____ 他。
   A. 同时　　B. 同情　　C. 同意　　D. 同样

5. 要是我忘了，就请你 ____ 我一下儿。
   A. 提问　　B. 提出　　C. 提醒　　D. 提前

第37单元　Unit 37

◎ **目标词语**　Target words

721. 童话	722. 童年	723. 统计	724. 统一	725. 痛快
726. 投	727. 投入	728. 投诉	729. 投资	730. 透
731. 透明	732. 图案	733. 途中	734. 土地	735. 推迟
736. 推销	737. 脱	738. 袜子	739. 外汇	740. 外交官

◎ **速记**　Quick memory

721　**童话**　tónghuà　*n.*　fairy tale

这里是一个<u>童话</u>世界。
小的时候，妈妈给我讲了很多有意思的<u>童话</u>故事。

722　**童年**　tóngnián　*n.*　childhood

<u>童年</u>的生活是最美好的。
父母都希望孩子能有一个幸福的<u>童年</u>。

723　**统计**　tǒngjì　*v.*　add up, count; statistics

请班长<u>统计</u>一下儿今天来上课的人数。
根据<u>统计</u>，共有491名运动员参加了这次运动会（yùndònghuì, sports meet）。

724　**统一**　tǒngyī

（1）*v.*　unify
经过讨论，大家的想法已经<u>统一</u>了。
经历多年的分裂（fēnliè, split），如今这个国家终于实现了<u>统一</u>。
（2）*adj.*　consistent
这次参观由学校<u>统一</u>安排。
大家对这次的工作形成了<u>统一</u>的意见。

725　**痛快**　tòng·kuài　*adj.*　readily; delighted

老板答应得很<u>痛快</u>。
这次旅行大家玩儿得十分<u>痛快</u>。

726　**投**　tóu　*v.*　fling, throw; deliver; invest

小明<u>投</u>球<u>投</u>得很准。
感谢您给我们<u>投</u>稿（tóu//gǎo, contribute a piece of writing for publication），我们将尽快给您回复。
他把所有的钱都<u>投</u>到那家公司里了。

727　**投入**　tóurù

（1）*v.*　put into
新建的地铁已经正式<u>投入</u>使用了。
为了学好中文，他<u>投入</u>了大量的时间和精力。

（2） *n.* input, investment
教育投入每年都在增加。
学跳舞需要一笔不小的投入。

728 **投诉** tóusù *v.* complain

客人投诉他服务态度不好。
你能把投诉的内容写下来吗？

729 **投资** tóuzī *n.* investment

国家大力投资旅游业。
他们已经在中国投资了11亿元。

730 **透** tòu

（1） *v.* penetrate, pass through
阳光透过窗户照进来。
窗户关得很紧，一点儿都不透气。
（2） *adj.* thorough
妈妈已经把道理说透了。
我看透了他内心的想法。

731 **透明** tòumíng *adj.* transparent

这块宝石是蓝色透明的，非常好看。
这里的湖水干净透明，可以看见水里的鱼。

732 **图案** tú'àn *n.* pattern

我喜欢这件衣服上的图案。
这些图案充分体现了中国的文化特色。

733 **途中** túzhōng *n.* course of a journey, way

我把旅行途中的经历都写下来了。
小明在上班途中遇到了一起交通事故。

734 **土地** tǔdì *n.* land

诗人深深地爱着这片土地。
爷爷想在这块土地上建房子。

735 **推迟** tuīchí *v.* postpone, delay

运动会推迟到了下周举行。
由于天气原因，所有的航班都推迟起飞了。

736 **推销** tuīxiāo *v.* promote sales

售货员积极地推销这条裙子。
老板让我们给客人推销这种新产品。

737 **脱** tuō *v.* take off, remove

先脱鞋，再进屋。
都夏天了，把毛衣脱了吧。

| 738 | 袜子 | wàzi | n. | stocking, sock |

我不喜欢洗袜子。
妈妈给小明了买了几双新袜子。

| 739 | 外汇 | wàihuì | n. | foreign exchange |

这家银行没有外汇业务。
工业是这个国家赚外汇最多的行业。

| 740 | 外交官 | wàijiāoguān | n. | diplomatist, diplomatic officer |

小明的目标是当一名外交官。
这所学校培养了不少外交官。

◎ **速练** Quick practice

一、先根据词语写拼音，再将词语和正确的英文释义连起来
Write Pinyin according to the words, and then match the words with the correct English definitions.

1. 童年 ＿＿＿＿＿＿＿＿＿＿　　A. add up, count; statistics
2. 推销 ＿＿＿＿＿＿＿＿＿＿　　B. complain
3. 投诉 ＿＿＿＿＿＿＿＿＿＿　　C. foreign exchange
4. 统计 ＿＿＿＿＿＿＿＿＿＿　　D. stocking, sock
5. 图案 ＿＿＿＿＿＿＿＿＿＿　　E. fairy tale
6. 袜子 ＿＿＿＿＿＿＿＿＿＿　　F. childhood
7. 外汇 ＿＿＿＿＿＿＿＿＿＿　　G. promote sales
8. 童话 ＿＿＿＿＿＿＿＿＿＿　　H. pattern

二、选择合适的词语填空　　Choose the right words and fill in the blanks.

（一）　A. 童话　　B. 投　　C. 透明　　D. 推销　　E. 投诉

1. 不用给我 ＿＿＿＿，我可没钱买这个。
2. 如果你对这家店的服务不满意，可以打电话 ＿＿＿＿。
3. 这是一本 ＿＿＿＿ 故事书。
4. 这是一扇（shàn, *a measure word for doors, windows, etc.*）＿＿＿＿ 的玻璃（bōli, glass）门。
5. 篮球队员们正在练习 ＿＿＿＿ 球呢。

（二）　　A. 投入　　B. 图案　　C. 脱　　D. 统计　　E. 童年

1. 洗衣机里都是小明 ____ 下来的脏衣服。

2. 小明每天花一个小时 ____ 实验数据。

3. 这部电影让我们再一次感受到了 ____ 的美好。

4. 这是中国古建筑中常用的 ____ 。

5. 国家 ____ 了大量资金发展教育。

（三）　　A. 途中　　B. 袜子　　C. 统一　　D. 投资　　E. 土地

1. 请大家参观的时候 ____ 行动。

2. 回家 ____ ，妈妈买了一个西瓜。

3. 这块 ____ 适合种苹果。

4. 欢迎你们来中国 ____ ！

5. 妈妈，这双 ____ 破了，帮我补一下儿吧。

（四）　　A. 外汇　　B. 痛快　　C. 推迟　　D. 透　　E. 外交官

1. 学校决定 ____ 开学的时间。

2. 中国银行可以换 ____ 。

3. 小明的哥哥是一名 ____ 。

4. 爸爸今天喝酒喝了个 ____ 。

5. 这种衣服不 ____ 气，穿着特别热。

三、选择合适的词语完成句子　Choose the right words to complete the sentences.

1. 玻璃杯不都是 ____ 的。

　A. 透　　　　　B. 透明　　　　　C. 过　　　　　D. 通过

2. 他们准备 ____ 婚礼。

　A. 迟　　　　　B. 迟到　　　　　C. 推迟　　　　　D. 持续

3. 在全中国范围内 ____ 使用普通话有许多积极意义。

　A. 推广　　　　B. 推动　　　　　C. 推进　　　　　D. 推销

4. 小明在这家奶茶店 ____ 了很多资金。

　A. 投球　　　　B. 投入　　　　　C. 投资　　　　　D. 加入

5. 大家的意见太多了，很难 ____ 起来。

　A. 预计　　　　B. 设计　　　　　C. 统计　　　　　D. 统一

第 38 单元　Unit 38

◎ **目标词语**　Target words

741. 外套	742. 弯	743. 晚点	744. 万一	745. 王
746. 网络	747. 网址	748. 微笑	749. 微信	750. 围巾
751. 维持	752. 维护	753. 维修	754. 尾巴	755. 未必
756. 未来	757. 位于	758. 位置	759. 味儿	760. 喂

◎ **速记**　Quick memory

741　外套　wàitào　　n.　coat, jacket

快把外套穿上，外面冷。
我要给爸爸买一件冬天的外套。

742　弯　wān

（1）adj.　curved, bent
这把尺子是弯的。
她笑起来眼睛弯弯的。
（2）v.　make crooked or curved, bend
奶奶总是弯着腰。
她弯着身子（shēnzi, body）在地上找东西。

743　晚点　wǎn//diǎn　　behind time, delay

由于天气原因，有大批航班晚点。
火车晚点了，你们先吃饭吧，别等我了。

744　万一　wànyī

（1）n.　in case; one ten-thousandth
我多带了一些现金，以防万一。
我连那儿美丽风景的万一都说不出来。
（2）conj.　in case
万一我忘了，就提醒我一下儿。
万一下雨也不要紧，我带着伞呢。

745　王　wáng　　n.　king; a surname

这本小说描写了一个伟大的王。
王是一个很常见的中国姓。

746　网络　wǎngluò　　n.　network

办公室的网络还没有设置好。
因为没交钱，家里的网络停了。

| 747 | 网址 | wǎngzhǐ | n. | website |

这些都是常用网址。
你知道学校官网的网址是什么吗?

| 748 | 微笑 | wēixiào | v. | smile |

照相的时候请保持微笑。
服务员微笑着向我们走来。

| 749 | 微信 | wēixìn | n. | WeChat |

我能加你的微信吗?
中国人更喜欢用微信联系。

| 750 | 围巾 | wéijīn | n. | scarf |

小明戴着一条白色的围巾。
张老师买了很多不同颜色的围巾。

| 751 | 维持 | wéichí | v. | maintain, hold, keep |

医生在努力维持他的生命。
哥哥的工资只够维持他一个人的生活。

| 752 | 维护 | wéihù | v. | maintain, safeguard, preserve |

公司一定会维护员工的利益。
美好的环境需要大家一起维护。

| 753 | 维修 | wéixiū | v. | repair |

我们马上派人去您家维修空调。
今年夏天,学校对教室进行了维修。

| 754 | 尾巴 | wěiba | n. | tail |

马的尾巴长长的。
小明正在画飞机的尾巴。

| 755 | 未必 | wèibì | adv. | not necessarily |

你这么做,他未必满意。
虽然他是中国人,但他未必知道这个字怎么读。

| 756 | 未来 | wèilái | n. | future, tomorrow |

天气预报说,未来24小时内会有大雨。
祝你们拥有(yōngyǒu, have)一个美好的未来!

| 757 | 位于 | wèiyú | v. | locate, situate |

上海位于中国东部。
武汉位于中国的中部,交通非常方便。

| 758 | 位置 | wèi·zhì | n. | location, position, place |

我们学校的位置很好,交通方便。
他在公司里的位置很重要。

759	味儿	wèir	*n.*	taste; smell

这道菜有种苦味儿，我不太喜欢。
房间里是什么香味儿？闻着很舒服。

760	喂	wèi	*v.*	feed

小明耐心地给爷爷喂饭。
妹妹每天给那只小猫喂牛奶。

◎ **速练** Quick practice

一、先根据词语写拼音，再将词语和正确的英文释义连起来
Write Pinyin according to the words, and then match the words with the correct English definitions.

1. 晚点 ＿＿＿＿＿＿＿＿　　　A. tail

2. 外套 ＿＿＿＿＿＿＿＿　　　B. smile

3. 弯 ＿＿＿＿＿＿＿＿　　　C. behind time, delay

4. 网址 ＿＿＿＿＿＿＿＿　　　D. coat, jacket

5. 微笑 ＿＿＿＿＿＿＿＿　　　E. website

6. 喂 ＿＿＿＿＿＿＿＿　　　F. curved, bent; make crooked or curved, bend

7. 尾巴 ＿＿＿＿＿＿＿＿　　　G. location, position, place

8. 位置 ＿＿＿＿＿＿＿＿　　　H. feed

二、选择合适的词语填空　　Choose the right words and fill in the blanks.

（一）　　A. 外套　　B. 网络　　C. 维持　　D. 未来　　E. 弯

1. 环境保护关系到我们的 ＿＿＿＿。

2. 你可以试试这件 ＿＿＿＿。

3. 家里的 ＿＿＿＿ 最近不太好，非常影响我上课。

4. 张老师正 ＿＿＿＿ 着腰找她的钱包。

5. 妈妈说，等她回来的时候，希望家里的一切都能 ＿＿＿＿ 原样。

（二）　　A. 网址　　B. 维护　　C. 位于　　D. 晚点　　E. 微笑

1. 商店里的售货员都面带 ＿＿＿＿。

2. 这个航班常常 ＿＿＿＿。

3. 这家公司已经把原来的 ＿＿＿＿ 改了。

4. 小李负责 ＿＿＿＿ 公司的网站。

5. 我们公司 ＿＿＿＿ 市中心。

(三)　　A. 维修　　B. 位置　　C. 万一　　D. 微信　　E. 尾巴

1. 老师用 ____ 和我们联系。
2. 如果猫一直摆 ____，说明它很生气。
3. 我想跟你换一下儿 ____，可以吗?
4. 办公室说下午派人来 ____ 教室的电脑。
5. 你还是带上钱包吧，____ 不能用手机付钱呢。

(四)　　A. 味儿　　B. 王　　C. 围巾　　D. 未必　　E. 喂

1. 你已经6岁了，不应该再让妈妈 ____ 饭了。
2. 这个 ____ 太难闻了!
3. 他 ____ 会按照公司的要求做。
4. 这条 ____ 太厚了，不适合秋天戴。
5. 现在有的国家还有国 ____。

三、选择合适的词语完成句子　Choose the right words to complete the sentences.

1. 学校将对宿舍楼里有问题的房间进行 ____。
   A. 维持　　　B. 维护　　　C. 维修　　　D. 爱护

2. ____ 三天不会下雨。
   A. 未来　　　B. 后来　　　C. 然后　　　D. 未必

3. 足球场 ____ 团结湖和和平路的中间地区。
   A. 各位　　　B. 地位　　　C. 位置　　　D. 位于

4. 他每个月的工资不够 ____ 一家人的生活。
   A. 维修　　　B. 维持　　　C. 坚持　　　D. 维护

5. 小明正 ____ 长身体的重要时期。
   A. 处于　　　B. 位于　　　C. 关于　　　D. 善于

第 39 单元　Unit 39

◎ **目标词语　Target words**

761. 稳	762. 稳定	763. 问候	764. 无	765. 无法
766. 无聊	767. 无论	768. 无数	769. 无所谓	770. 无限
771. 五颜六色	772. 误会	773. 西瓜	774. 吸	775. 吸管
776. 吸收	777. 吸烟	778. 吸引	779. 喜爱	780. 系列

◎ **速记　Quick memory**

761　稳　wěn　*adj.*　steady, stable

等你站稳了，我再放手。
我还没坐稳，车就开出去了。

762　稳定　wěndìng　*adj.*　stabilized

留学生的人数在稳定地增加。
哥哥的学习成绩一直都很稳定。

763　问候　wènhòu　*v.*　extend greetings to, ask after

请代我问候你的家人。
新年时，留学生们收到了来自本国大使馆的问候。

764　无　wú　*v.*　regardless of, not have

事无大小，都要认真完成。
这个老人无儿无女，一个人生活。

765　无法　wúfǎ　*v.*　cannot, be unable to

孩子无法理解妈妈的做法。
我无法完成公司安排的工作。

766　无聊　wúliáo　*adj.*　dull; bored

这部电影拍得太无聊了。
如果你觉得无聊，可以去看书。

767　无论　wúlùn　*conj.*　no matter (what, who, how, etc.)

无论做什么工作，他都很认真。
无论老师还是学生，都觉得这次考试很难。

768　无数　wúshù　*adj.*　countless

天上有无数星星。
即使（jíshǐ, even if）要面对无数次的失败，我也会坚持下去。

769 **无所谓** wúsuǒwèi *v.* be indifferent; cannot say

不管别人怎么对他，他都无所谓。
我只是喜欢吃，无所谓美食家。

770 **无限** wúxiàn *adj.* infinite

无限的机会在未来等着你。
考上了这么好的大学，你以后前途无限啊。

771 **五颜六色** wǔyán-liùsè multicolored, colorful

草地上开满了五颜六色的花。
这些灯发出了五颜六色的光。

772 **误会** wùhuì

（1）*v.* misunderstand
他刚才误会了我的意思。
你完全误会了我和她的关系。
（2）*n.* misunderstanding
这些误会都是他造成的。
这是一场误会，大家不要再吵了。

773 **西瓜** xī·guā *n.* watermelon

小明把冰箱里的半个西瓜都吃了。
这块西瓜你还没吃完呢，不许再拿。

774 **吸** xī *v.* inhale

他吸了吸鼻子，终于不哭了。
小明深深地吸了一口山里的空气。

775 **吸管** xīguǎn *n.* drinking straw

请给我一根吸管。
小明用吸管喝果汁。

776 **吸收** xīshōu *v.* absorb

老师今天讲的内容，你吸收了多少？
学习是一个吸收知识、思考问题、运用知识的过程。

777 **吸烟** xīyān *v.* smoke

飞机上不能吸烟。
吸烟有害（yǒuhài, harm）健康。

778 **吸引** xīyǐn *v.* attract, draw, appeal to

他的歌声吸引了越来越多的人。
为了吸引人才，这家公司提高了工资待遇。

779 **喜爱** xǐ'ài *v.* be keen on, be fond of, like

小明从小就喜爱打篮球。
大家都很喜爱学校里的这只小猫。

780 **系列** xìliè　*n.*　series

这几本中文教材是一个<u>系列</u>的。
爸爸最近很忙，有一<u>系列</u>的工作要做。

◎ **速练**　Quick practice

一、先根据词语写拼音，再将词语和正确的英文释义连起来
Write Pinyin according to the words, and then match the words with the correct English definitions.

1. 无所谓 _____　　A. stabilized

2. 吸引 _____　　B. series

3. 稳定 _____　　C. be indifferent; cannot say

4. 无数 _____　　D. drinking straw

5. 西瓜 _____　　E. be keen on, be fond of, like

6. 吸管 _____　　F. attract, draw, appeal to

7. 系列 _____　　G. countless

8. 喜爱 _____　　H. watermelon

二、选择合适的词语填空　Choose the right words and fill in the blanks.

（一）　A. 稳　　B. 无　　C. 无论　　D. 无限　　E. 稳定

1. ____ 你想去哪儿，我都陪你。

2. ____ 的市场价格是我一直和他们公司合作的原因。

3. 哥哥开车开得很 ____。

4. 事故发生的原因至今 ____ 人知道。

5. 人的创造力是 ____ 的。

（二）　A. 无法　　B. 无数　　C. 五颜六色　　D. 问候　　E. 无聊

1. 如果你觉得 ____，就去帮妈妈做事吧。

2. 商店里挂满了 ____ 的服装。

3. 他们一见面就互相 ____。

4. 她的歌声感动了 ____ 的观众。

5. 这门课 ____ 满足他的需求。

（三） A.无所谓　　B.误会　　C.西瓜　　D.吸管　　E.吸烟

1. 这件小事造成了很大的____。

2. 医院里不允许____。

3. 喝完以后不要乱扔____。

4. 他对钱总是一副____的样子。

5. 这儿的____又大又甜。

（四） A.喜爱　　B.吸　　C.吸收　　D.吸引　　E.系列

1. 这儿的风景____了无数游客。

2. 这个____的手机价格都不便宜。

3. 妈妈____热闹，总是请朋友来家里吃饭。

4. 中文____了很多其他语言的词汇，产生了一些新词。

5. 在水里的时候一定别____气，否则鼻子会进水的。

三、选择合适的词语完成句子　Choose the right words to complete the sentences.

1. 植物通过根来____营养。
   A.吸　　　B.吸收　　　C.吸引　　　D.吸烟

2. 你提出的问题____解决。
   A.无　　　B.有　　　C.有用　　　D.无法

3. 地球上的资源不是____的，我们要合理利用。
   A.无数　　B.无论　　C.无限　　D.有限

4. 希望我们之间没有____。
   A.误会　　B.错误　　C.体会　　D.理解

5. 请代我向你的父母表示____。
   A.提问　　B.访问　　C.问候　　D.问题

第40单元　Unit 40

◎ **目标词语**　Target words

781. 系统	782. 细	783. 细节	784. 细致	785. 下个月
786. 下降	787. 下楼	788. 下载	789. 夏季	790. 鲜
791. 鲜花	792. 鲜明	793. 咸	794. 显著	795. 县
796. 限制	797. 相处	798. 相反	799. 箱	800. 箱子

◎ **速记**　Quick memory

781　系统　xìtǒng

（1）*n.*　system
公司的电脑系统又出问题了。
我们大学建立了一套新的教学系统。
（2）*adj.*　systematic
他接受了系统的学校教育。
进入大学以后，小明系统学习了语言学知识。

782　细　xì　*adj.*　thin; fine; meticulous, careful

他在黑板上画了一条细细的直线。
这里的沙子很细。
他的工作做得很细。

783　细节　xìjié　*n.*　detail

小明很注意工作中的细节。
这个电影的细节拍得很真实。

784　细致　xìzhì　*adj.*　meticulous, careful

这份工作计划做得很细致。
他对照相机的使用做了细致的说明。

785　下个月　xià ge yuè　next month

爸爸下个月要去北京出差。
毕业考试推迟到下个月三号举行。

786　下降　xiàjiàng　*v.*　decline, descend

因为玩儿游戏，他的成绩下降了。
飞机下降的时候，大家一定要在座位上坐好。

787　下楼　xià lóu　go downstairs, come downstairs

你先下楼，我整理好行李就下去。
A：下楼！我到了。
B：好的，我马上下来。

788 **下载** xiàzài *v.* download

哥哥下载了一部新电影。
小明从网上下载了很多电子书。

789 **夏季** xiàjì *n.* summer

一到夏季，小明就每天都去游泳。
一年四季中，夏季的阳光最强烈。

790 **鲜** xiān *adj.* delicious; fresh

他做的菜味道很鲜。
小明每天都要喝鲜牛奶。

791 **鲜花** xiānhuā *n.* fresh flower

一束鲜花
花园里开满了鲜花。
这些都是刚刚送来的鲜花。

792 **鲜明** xiānmíng *adj.* (of color) bright; distinctive

这幅画儿色彩鲜明。
他的小说有着鲜明的个人风格。

793 **咸** xián *adj.* salty

这道菜好咸啊，你放了多少盐？
咸咸的海风朝我们吹来。

794 **显著** xiǎnzhù *adj.* outstanding, remarkable

高铁的显著特点是"快"。
这两种考试在测试英语能力方面有什么显著差异（chāyì, difference）？

795 **县** xiàn *n.* county

县医院查不出他生病的原因。
这几个县的经济都发展得很好。

796 **限制** xiànzhì

（1）*v.* impose restrictions on, restrict
这次活动限制了人数。
我限制自己每天只能喝一杯咖啡。
（2）*n.* limit
受……限制
网络考试不受时间和地点的限制。
网络游戏对玩儿游戏的人有年龄（niánlíng, age）限制。

797 **相处** xiāngchǔ *v.* get along with, get on with

他们相处得很好。
他获得了很多和同事相处的经验。

798 **相反** xiāngfǎn

（1）*adj.* opposite
结果和他预计的完全相反。
"大"和"小"的意思相反。
（2）*conj.* on the contrary
这一点儿也不麻烦，相反，我很愿意帮你。
困难没有让他放弃，相反，他下决心一定要坚持下去。

799 **箱** xiāng *m.* *a measure word for box-like things*

小明打算把这箱书寄回家。
我们三个人喝完了一箱啤酒。

800 **箱子** xiāngzi *n.* box

这次旅行我打算带两个箱子。
妈妈把不穿的衣服都装到箱子里了。

◎ 速练 Quick practice

一、先根据词语写拼音，再将词语和正确的英文释义连起来
Write Pinyin according to the words, and then match the words with the correct English definitions.

1. 县 _____   A. get along with, get on with

2. 限制 _____   B. box

3. 系统 _____   C. impose restrictions on, restrict; limit

4. 相处 _____   D. county

5. 细 _____   E. fresh flower

6. 咸 _____   F. thin; fine; meticulous, careful

7. 鲜花 _____   G. system; systematic

8. 箱子 _____   H. salty

二、选择合适的词语填空 Choose the right words and fill in the blanks.

（一）   A. 系统   B. 下降   C. 鲜花   D. 限制   E. 细

1. 这次比赛对年龄有 ____，18岁以下不能参加。

2. 这束 ____ 是送给老师的。

3. 语言是一个很复杂的 ____。

4. 这些面条儿切得真 ____ 啊！

5. 今天的气温又 ____ 了。

（二）　　A. 下楼　　　B. 鲜明　　　C. 相处　　　D. 细节　　　E. 下载

1. 昨天晚上我 ____ 了两部电影。

2. 快 ____ 吧！他们都在等你呢。

3. 妈妈很注意生活中的 ____。

4. 他的态度很 ____，他不支持我们的做法。

5. 他和公司的同事都 ____ 得不错。

（三）　　A. 咸　　　B. 相反　　　C. 细致　　　D. 夏季　　　E. 箱

1. 我跟他的看法完全 ____。

2. 这 ____ 苹果一共58块，很便宜吧。

3. 这里的游客一年四季都很多，尤其是 ____。

4. 小明观察得非常 ____。

5. 这道菜又 ____ 又辣。

（四）　　A. 显著　　　B. 箱子　　　C. 县　　　D. 鲜　　　E. 下个月

1. 小明 ____ 就要去中国留学了，他很期待。

2. 这碗鱼汤真 ____，太好喝了。

3. 这两个月，他在学习上的进步十分 ____。

4. 他是我们 ____ 选出的代表。

5. 为了这次旅行，姐姐又买了一个大 ____。

三、选择合适的词语完成句子　Choose the right words to complete the sentences.

1. 这个故事的 ____ 写得很真实。

　A. 细　　　　B. 细节　　　　C. 细致　　　　D. 粗

2. 小明的工作成绩 ____，受到了老板表扬。

　A. 显著　　　B. 显然　　　　C. 明显　　　　D. 显得

3. 他们俩朝着 ____ 的方向走了，离对方越来越远。

　A. 相关　　　B. 相同　　　　C. 相似　　　　D. 相反

4. 他来中国的目的很 ____，就是学习中文。

　A. 明显　　　B. 明确　　　　C. 鲜明　　　　D. 表明

5. 妈妈 ____ 了对我们的要求。

　A. 降价　　　B. 降落　　　　C. 降低　　　　D. 下降

第41单元　Unit 41

◎ **目标词语**　Target words

801. 想念	802. 想象	803. 项	804. 项目	805. 相片
806. 消化	807. 销售	808. 小吃	809. 小伙子	810. 小型
811. 效率	812. 些	813. 心理	814. 新郎	815. 新娘
816. 新鲜	817. 新型	818. 兴奋	819. 形容	820. 形势

◎ **速记**　Quick memory

801　想念　xiǎngniàn　*v.*　miss, recall with longing

他非常想念自己的家乡。
他一个人在这座城市工作,非常想念曾经的朋友。

802　想象　xiǎngxiàng

（1）*n.*　imagination
发挥想象；超出想象
他的表现远远超出了大家的想象。
在这部电影中,导演充分发挥了他的想象。
（2）*v.*　imagine
我想象不出来那儿是什么样子。
你说的情况,我怎么也想象不出来。

803　项　xiàng　*m.*　a measure word for items

这次运动会,小明准备参加三项比赛。
如果我们能提前完成这项任务,就可以休假十天。

804　项目　xiàngmù　*n.*　project

王老师正在申请一个研究项目。
请大家一定要按时完成这个项目。

805　相片　xiàngpiàn　*n.*　photo, photograph

洗相片
我要把这几张相片洗出来,挂在家里。
这些相片留住了美好的回忆（huíyì, memory）。

806　消化　xiāohuà　*v.*　digest; absorb

吃这么多,你消化得了吗?
饭后喝点儿茶可以帮助消化。
老师今天讲的内容,我还没有完全消化。

807　销售　xiāoshòu　*v.*　sell

销售量

一到夏季，空调的销售量就会提高。
小明的销售业绩（yèjì, performance, achievement）是全公司最好的。

808 **小吃** xiǎochī n. snack

这些都是北京有名的小吃。
谢谢你给我介绍这么多特色小吃。

809 **小伙子** xiǎohuǒzi n. young man, youngster

小明是一个热情的小伙子。
两年没见，弟弟已经长成了一个帅气的小伙子。

810 **小型** xiǎoxíng adj. small-scale, small

这是一家小型企业。
这家工厂专门生产小型汽车。

811 **效率** xiàolǜ n. efficiency

他的工作效率很高。
在图书馆学习，可以提高学习效率。

812 **些** xiē m. some, a little, a few

老师问了我们一些问题。
这些天你怎么没来上课？

813 **心理** xīnlǐ n. psychology

他是一位有名的心理医生。
学校越来越重视学生的心理健康。

814 **新郎** xīnláng n. groom

新郎是我的老同学。
哥哥今天结婚，他是一个很帅的新郎。

815 **新娘** xīnniáng n. bride

新郎比新娘高一点儿。
这位新娘今天穿得很漂亮。

816 **新鲜** xīn·xiān adj. fresh

我想出去呼吸一下儿新鲜空气。
妈妈每天早上去市场买新鲜的水果。

817 **新型** xīnxíng adj. of a new type/style

这家公司设计了一种新型计算机。
这是一种新型自行车，你想试试吗？

818 **兴奋** xīngfèn adj. excited

那杯咖啡让我兴奋得睡不着。
这场比赛让所有球迷都非常兴奋。

819 形容　xíngróng　v.　describe

这里的景色美得无法形容。
我不知道什么词可以形容现在的心情。

820 形势　xíngshì　n.　situation

根据目前的形势，公司决定增加投资。
这次培训张教授主要介绍了中文教学的发展形势。

◎ 速练　Quick practice

一、先根据词语写拼音，再将词语和正确的英文释义连起来
Write Pinyin according to the words, and then match the words with the correct English definitions.

1. 小伙子 _____　　A. describe
2. 小吃 _____　　B. photo, photography
3. 销售 _____　　C. psychology
4. 项目 _____　　D. situation
5. 心理 _____　　E. young man, youngster
6. 形容 _____　　F. sell
7. 相片 _____　　G. snack
8. 形势 _____　　H. project

二、选择合适的词语填空　Choose the right words and fill in the blanks.

（一）　A. 想念　　B. 消化　　C. 效率　　D. 新鲜　　E. 想象

1. 这些都是他 ____ 出来的，不是真的。
2. 那些花已经不 ____ 了，扔了吧。
3. 听到这首歌，她就更 ____ 家乡了。
4. 工厂采用了新技术，大大提高了生产 ____。
5. 面条儿容易 ____，你胃不好，吃点儿面条儿吧。

（二）　A. 销售　　B. 些　　C. 新型　　D. 项　　E. 小吃

1. 谁能完成这两 ____ 任务，老板就给谁发奖金。
2. 今年公司一共 ____ 了十万台电脑。
3. 这是 ____ 一条街，你想吃的这里都有。
4. 我要在考试前把这 ____ 书看完。
5. 比赛的服装是用一种 ____ 材料制作的。

（三）　　A. 心理　　　B. 兴奋　　　C. 项目　　　D. 小伙子　　　E. 新郎

1. 你还记得天天吗？如今他已经长成大 ____ 了，跟他爸爸一样帅。

2. 这场比赛让他非常 ____。

3. 今天的 ____ 是我的大学同学。

4. 小明的女朋友是一名 ____ 医生。

5. 这个研究 ____ 要在明年完成。

（四）　　A. 形容　　　B. 相片　　　C. 小型　　　D. 新娘　　　E. 形势

1. 比赛 ____ 对我们很有利。

2. ____ 穿着白色的婚纱（hūnshā，wedding dress），漂亮极了！

3. 现在的情况太难 ____ 了。

4. 很多 ____ 比赛项目将在这个体育馆里举行。

5. 我想把这张 ____ 洗出来，挂在家里。

三、选择合适的词语完成句子　Choose the right words to complete the sentences.

1. 书中描写的情景，我怎么也 ____ 不出来。

　　A. 想念　　　　B. 理想　　　　C. 梦想　　　　D. 想象

2. 由于工作原因，他不得不 ____ 这次旅行。

　　A. 消化　　　　B. 消失　　　　C. 取消　　　　D. 消费

3. 喝咖啡可以让大脑 ____。

　　A. 兴奋　　　　B. 高兴　　　　C. 喜欢　　　　D. 开心

4. 这些书全是 ____ 的，我还没看过。

　　A. 新鲜　　　　B. 创新　　　　C. 新型　　　　D. 新

5. 阳光 ____ 在身上，真舒服啊！

　　A. 照相　　　　B. 照　　　　　C. 拍照　　　　D. 相片

第42单元　Unit 42

◎ 目标词语　Target words

821. 型	822. 型号	823. 醒	824. 兴趣	825. 性质
826. 兄弟	827. 胸部	828. 修理	829. 选择	830. 学分
831. 学年	832. 学时	833. 学术	834. 学问	835. 寻找
836. 迅速	837. 牙	838. 牙刷	839. 亚运会	840. 呀

◎ 速记　Quick memory

821　型　　xíng　　n.　　type, model, pattern

我们的脸型不一样。
这本书建议O型血的人多吃点儿肉。

822　型号　　xínghào　　n.　　model, type

你的手机是什么型号的?
对中学生来说，这个型号的电脑很实用。

823　醒　　xǐng　　v.　　wake, be clear in mind

他每天一到六点就醒了。
小明昨晚喝了很多酒，睡了十个小时还没醒。

824　兴趣　　xìngqù　　n.　　interest

对……感兴趣
小李只对音乐感兴趣。
他这个人，没有什么兴趣爱好。

825　性质　　xìngzhì　　n.　　nature, character, quality

这是一场什么性质的比赛?
这两个问题的性质不同，处理方式也不同。

826　兄弟　　xiōngdì　　n.　　brothers

我们永远都是好兄弟。
我没有兄弟姐妹，我父母只有我一个孩子。

827　胸部　　xiōngbù　　n.　　chest, thorax

他需要进行胸部X光检查。
小明感到胸部有点儿疼，想去医院看看。

828　修理　　xiūlǐ　　v.　　fix, repair, mend

电脑坏了，已经送去修理了。
这些坏了的桌椅已经被修理好了，可以继续使用。

829 选择　　xuǎnzé

（1）v.　　select, choose
你想选择哪一个公司工作？
妈妈总是选择最好的给孩子。
（2）n.　　choice, option
请你们尽快做出选择。
父母应该尊重孩子的选择。

830 学分　　xuéfēn　　n.　　credit (point)

小明还差4学分才能毕业。
我还没有拿到这门课的学分。

831 学年　　xuénián　　n.　　school year, academic year

下个学年的课已经安排好了。
这门课李老师已经教了三个学年了。

832 学时　　xuéshí　　n.　　class hour

这门课计划用150个学时讲完。
在我们学校，一个学时是45分钟。

833 学术　　xuéshù　　n.　　academic, science

我们学校将举行多场学术会议。
写文章时一定要遵守（zūnshǒu，comply with）学术规范。

834 学问　　xuéwen　　n.　　knowledge, learning, lore

生活中到处都是学问。
这位老师很会做学问，写了不少有影响的文章。

835 寻找　　xúnzhǎo　　v.　　look for, seek

敌人正在寻找目标。
我一直在寻找这方面的资料。

836 迅速　　xùnsù　　adj.　　rapid, quick

他迅速地做完了今天的作业。
这几年，中国的经济迅速发展。

837 牙　　yá　　n.　　tooth

小明这几天牙疼，没怎么吃东西。
他是一名牙医，常常给病人拔（bá，pull out, extract）牙。

838 牙刷　　yáshuā　　n.　　toothbrush

应该三个月左右换一把牙刷。
这种牙刷很好用，可以多买几把。

839 亚运会　　Yàyùnhuì　　n.　　Asian Games

中国已经成功举办了两届亚运会。
第19届亚运会于2023年在中国杭州举行。

840 呀　　ya　　pt.　　*used after the word with the end of -a, -e, -i, -o, -ü, which is equivalent to "啊"*

是你<u>呀</u>，快进来！
大家快进去<u>呀</u>，别站着了。

◎ 速练　Quick practice

一、先根据词语写拼音，再将词语和正确的英文释义连起来
Write Pinyin according to the words, and then match the words with the correct English definitions.

1. 牙刷 _____　　A. interest

2. 修理 _____　　B. select, choose; choice, option

3. 胸部 _____　　C. Asian Games

4. 选择 _____　　D. toothbrush

5. 兄弟 _____　　E. credit (point)

6. 兴趣 _____　　F. fix, repair, mend

7. 学分 _____　　G. chest, thorax

8. 亚运会 _____　H. brothers

二、选择合适的词语填空　Choose the right words and fill in the blanks.

（一）　A. 型　　B. 兄弟　　C. 学年　　D. 迅速　　E. 型号

1. 越来越多的人购买环保 ____ 汽车。

2. 这里不能长时间停车，请大家 ____ 上车。

3. 这个 ____ 的照相机已经停止生产了。

4. 他们的关系像亲 ____ 一样好。

5. 我想在这个 ____ 修够学分。

（二）　A. 胸部　　B. 学时　　C. 牙　　D. 醒　　E. 修理

1. 家里的东西坏了，都是爸爸自己 ____。

2. 爷爷的 ____ 不好，很多东西都不能吃。

3. 等孩子 ____ 了，我再出门。

4. 这门课每周上三次，每次两个 ____。

5. 他的 ____ 受伤了。

（三）　　A.学术　　　B.牙刷　　　C.兴趣　　　D.选择　　　E.学问

1. 妈妈用旧____刷球鞋。

2. 小明对中国文化很感____。

3. 他从事____研究工作，每年能写好几篇文章。

4. 他很有____，是一位年轻的教授。

5. 既然你____了这份工作，就要把它做好。

（四）　　A.亚运会　　B.性质　　　C.学分　　　D.寻找　　　E.呀

1. 他____了三年，才找到帮助过他的人。

2. 上完这门课，我的____就修满了。

3. 大家快吃____，再不吃就冷了。

4. ____期间，各国运动员都住在亚运村里。

5. 问题的____不同，处理方式就不同。

三、选择合适的词语完成句子　　Choose the right words to complete the sentences.

1. 这台照相机的____是XT30。

   A.大型　　　　B.类型　　　　C.新型　　　　D.型号

2. 这是一位很有____的老教授。

   A.学习　　　　B.学术　　　　C.学问　　　　D.科学

3. 孩子不见了，家长到处____。

   A.找到　　　　B.找出　　　　C.寻找　　　　D.抓住

4. 他很注意培养孩子的____爱好。

   A.想象　　　　B.想法　　　　C.兴趣　　　　D.性格

5. 开车的____太快了，不安全。

   A.高速　　　　B.速度　　　　C.迅速　　　　D.快速

第43单元　Unit 43

◎ **目标词语**　Target words

841. 延长	842. 延期	843. 延续	844. 严	845. 严格
846. 严重	847. 研究	848. 研究生	849. 研制	850. 盐
851. 眼镜	852. 眼泪	853. 眼里	854. 演讲	855. 阳台
856. 养成	857. 腰	858. 摇	859. 药物	860. 要

◎ **速记**　Quick memory

841　**延长**　yáncháng　*v.*　prolong, extend, lengthen

这条路又向南延长了50公里。
考试延长了半个小时，大家快做吧。

842　**延期**　yán//qī　postpone

你打算延期毕业吗？
这次的会议延期举行，请大家等通知。

843　**延续**　yánxù　*v.*　continue

中华文化延续了几千年。
这种情况不能再延续下去了。

844　**严**　yán　*adj.*　tight, strict

把窗户关严，别让风吹进来了。
老师管得很严，上课时不能看手机。

845　**严格**　yángé

（1）*adj.*　strict
请大家严格遵守学校的规定。
孩子的成功离不开家长的严格要求。
（2）*v.*　be strict in
学校将严格考试纪律。
公司一定会严格服务标准。

846　**严重**　yánzhòng　*adj.*　serious, critical

这件事没有你想的那么严重。
他的病很严重，医生让他住院。

847　**研究**　yánjiū　*v.*　study, research

他喜欢研究各种数学问题。
你提的意见很好，我们研究一下儿再回复你。

848 **研究生** yánjiūshēng *n.* graduate student

他是一名研究生。
大学毕业以后,你还想读研究生吗?

849 **研制** yánzhì *v.* research and manufacture, research and develop

这家公司研制出一种新药。
这种新材料是我们研制的。

850 **盐** yán *n.* salt

我忘了在汤里放盐。
妈妈让我在菜里少放一点儿盐。

851 **眼镜** yǎnjìng *n.* glasses

这副眼镜是小明的。
如果不戴眼镜,我就什么都看不清了。

852 **眼泪** yǎnlèi *n.* tear

快把眼泪擦干。
她一边说,一边流眼泪。

853 **眼里** yǎnli *n.* (in one's) eyes

你的眼里只有工作。
她眼里闪着兴奋的光。

854 **演讲** yǎnjiǎng *v.* give a lecture, make or deliver a speech

小明正在台上演讲。
他演讲的内容吸引了很多同学。

855 **阳台** yángtái *n.* balcony

爸爸在阳台上种了很多花。
天气好的时候,妈妈喜欢坐在阳台上晒太阳。

856 **养成** yǎngchéng *v.* form, cultivate, develop

他从小养成了睡午觉的习惯。
父母要帮助孩子养成好的习惯。

857 **腰** yāo *n.* waist

他胖了好多,现在没办法弯腰。
随着年龄的增长,我的腰也越来越粗。

858 **摇** yáo *v.* shake

小明摇了一下儿手里的花。
他一直摇头(yáo//tóu, shake one's head),但是什么也不说。

859 **药物** yàowù *n.* drug, medicine

这几种药物都是免费的。
这些药物对你的病很有效。

860 要 yào *conj.* if

明天<u>要</u>天气好，我们就去爬山。
你<u>要</u>能见到张老师，就帮我问个好。

◎ 速练　Quick practice

一、先根据词语写拼音，再将词语和正确的英文释义连起来
Write Pinyin according to the words, and then match the words with the correct English definitions.

1. 盐 _____　　A. give a lecture, make or deliver a speech

2. 眼泪 _____　B. (in one's) eyes

3. 研究生 _____　C. salt

4. 腰 _____　　D. balcony

5. 演讲 _____　E. drug, medicine

6. 眼里 _____　F. graduate student

7. 药物 _____　G. tear

8. 阳台 _____　H. waist

二、选择合适的词语填空　Choose the right words and fill in the blanks.

（一）　A. 延长　　B. 严重　　C. 眼镜　　D. 养成　　E. 延期

1. 因为天气原因，运动会 ____ 一天举行。

2. 他 ____ 了每天看书的好习惯。

3. 我想 ____ 在中国留学的时间。

4. 不管问题多么 ____，我们都要想办法解决。

5. 学校外面有两家 ____ 店。

（二）　A. 研究　　B. 眼泪　　C. 腰　　D. 延续　　E. 研究生

1. 这种寒冷的天气已经 ____ 三周了。

2. 妈妈的 ____ 受伤了，我要陪她去医院看看。

3. 我们都是 ____，不过专业不同。

4. 发生什么事了？你怎么流 ____ 了？

5. 你已经 ____ 一个小时了，找到办法了吗？

（三） A.眼里　　B.摇　　C.研制　　D.演讲　　E.严

1. 周教授正在____呢，请大家保持安静。

2. 你太____了，孩子会害怕的。

3. 他的____只有钱。

4. 同意就点头，不同意就____头。

5. 我们公司正在____新型手机。

（四） A.药物　　B.严格　　C.盐　　D.阳台　　E.要

1. 我喜欢有____的房子。

2. 你____不能来，就提前告诉我们。

3. 上飞机前要经过____的安全检查。

4. 这家药店的____不多。

5. ____吃多了对身体不好。

三、选择合适的词语完成句子　Choose the right words to complete the sentences.

1. 会议____了五个小时，大家讨论得很激烈。

　　A.继续　　　　B.延期　　　　C.延续　　　　D.增长

2. 他从小就____了睡午觉的习惯。

　　A.造成　　　　B.培养　　　　C.构成　　　　D.养成

3. 在这方面，学校并没有____的规定。

　　A.沉重　　　　B.严重　　　　C.严格　　　　D.严

4. 妈妈正在____新买的洗衣机。

　　A.研制　　　　B.研究　　　　C.制造　　　　D.制作

5. 胜利就在____，大家坚持一下儿！

　　A.眼镜　　　　B.眼睛　　　　C.眼里　　　　D.眼前

第 44 单元　Unit 44

◎ **目标词语**　Target words

861. 业余	862. 叶子	863. 医疗	864. 医学	865. 依靠
866. 依然	867. 一律	868. 一再	869. 一致	870. 移
871. 移动	872. 移民	873. 遗产	874. 遗传	875. 疑问
876. 以及	877. 以内	878. 一般来说	879. 义务	880. 议论

◎ **速记**　Quick memory

861　**业余**　yèyú　*adj.*　amateur, after-hours, sparetime

游泳是我的业余爱好。
大山是一名业余运动员。

862　**叶子**　yèzi　*n.*　leaf, foliage

春天到了，树上长出了新叶子。
这片叶子是黄色的，那片叶子是红色的。

863　**医疗**　yīliáo　*v.*　(give) medical treatment

医疗条件；医疗水平
这里的医疗条件越来越好。
爸爸在长期的医疗工作中积累了丰富的经验。

864　**医学**　yīxué　*n.*　medical science, medicine

每个人都应该了解一些医学常识。
哥哥对医学没什么兴趣，他想读法律专业。

865　**依靠**　yīkào

（1）*v.*　depend on, rely on
只有依靠自己，才能真正成功。
我依靠朋友的帮助解决了这些问题。
（2）*n.*　dependence
父母是我们永远的依靠。
朋友给了我最温暖的依靠。

866　**依然**　yīrán　*adv.*　still, yet

老师讲了三遍，我依然不懂。
已经睡了十个小时，我依然觉得很困。

867　**一律**　yílǜ　*adv.*　all, without exception

任何人在法律面前都一律平等。
考试期间，所有同学一律不能使用手机。

868 一再 yízài *adv.* again and again, over and over, again

他一再向我表示感谢。
妈妈一再强调健康的重要性。

869 一致 yízhì

（1）*adj.* unanimous
关于这件事，我们的看法一致。
我们意见一致，同意你去中国留学。
（2）*adv.* unanimously
双方一致同意下周在北京见面。
经过讨论，大家一致选择大山当班长。

870 移 yí *v.* move, remove, shift

老师移走了那张桌子。
爸爸打算把屋子里的花移到院子里。

871 移动 yídòng *v.* move, shift

火车开始慢慢向前移动。
风很大，大朵的白云在天上快速移动。

872 移民 yímín

（1）*v.* migrate, emigrate, immigrate
我想移民到一个没有冬天的地方去。
两个多月后，他们全家要移民到上海。
（2）*n.* migrant, emigrant, immigrant
作为新移民，她正在适应这里的生活。
这个国家的移民占总人口的三分之一。

873 遗产 yíchǎn *n.* heritage

爷爷的遗产都留给了爸爸。
中国有很多宝贵的文化遗产。

874 遗传 yíchuán *v.* inherit

这种病不会遗传给孩子。
可能是因为遗传，我从小就喜欢运动。

875 疑问 yíwèn *n.* query, doubt

对这件事，小明还有不少疑问。
我的回答并没有打消妈妈内心的疑问。

876 以及 yǐjí *conj.* as well as, and

去哪儿旅行以及什么时候出发，还需要商量。
小明、小红以及另外三名同学都通过了考试。

877 以内 yǐnèi *n.* within, less than

面试结果我们三天以内给您回复。
我打算买个100块钱以内的礼物送给他。

| 878 | 一般来说 | yìbānláishuō | generally speaking, in a general way |

一般来说，大城市更容易堵车。
一般来说，北方的夏天会比南方凉快一些。

| 879 | 义务 | yìwù | n. | obligation, duty |

照顾父母是子女的责任和义务。
哥哥没有义务帮弟弟完成作业。

| 880 | 议论 | yìlùn |

（1）v.　discuss, debate
大家都在议论今天的比赛。
老师还没说完，同学们就开始议论了。
（2）n.　discussion
他对很多事都发表了议论。
她写的小说里总是有大段的议论。

◎ **速练** Quick practice

一、先根据词语写拼音，再将词语和正确的英文释义连起来
Write Pinyin according to the words, and then match the words with the correct English definitions.

1. 一般来说 _____　　A. amateur, after-hours, sparetime

2. 一律 _____　　B. medical science, medicine

3. 以及 _____　　C. migrate, emigrate, immigrate; migrant, emigrant, immigrant

4. 业余 _____　　

5. 移民 _____　　D. obligation, duty

6. 医学 _____　　E. inherit

7. 遗传 _____　　F. generally speaking, in a general way

8. 义务 _____　　G. as well as, and

　　　　　　　　　　　H. all, without exception

二、选择合适的词语填空　Choose the right words and fill in the blanks.

（一）　A. 业余　　B. 依然　　C. 移动　　D. 以及　　E. 叶子

1. 学校里有健身房、球场 ____ 游泳馆。

2. ____ 时间，他喜欢爬山、骑自行车。

3. 我要把这些漂亮的 ____ 送给妹妹。

4. 外面虽然下着雨，但哥哥 ____ 坚持跑步。

5. 白色的羊群在慢慢 ____ 。

（二） A.一律　　B.移民　　C.以内　　D.医疗　　E.一再

1. 大城市的____条件更好。

2. 小明____保证以后不会上课迟到。

3. 考试的所有内容____用黑笔完成。

4. 这座楼里住了不少新____。

5. 午睡应该控制在30分钟____。

（三） A.遗产　　B.一般来说　　C.医学　　D.一致　　E.遗传

1. 小明____了妈妈的高个子。

2. 这是一个____难题。

3. ____，春节期间的菜要比平时贵一些。

4. 他最近获得了一笔____。

5. 我和他对很多问题的看法____。

（四） A.义务　　B.依靠　　C.移　　D.疑问　　E.议论

1. 你不可能永远____父母。

2. 我没有____回答你的所有问题。

3. 如果你对这件事有____，我可以向你解释清楚。

4. 同学们在____今天的考试。

5. 房间里的东西都被____走了。

三、选择合适的词语完成句子　Choose the right words to complete the sentences.

1. 人群慢慢地往前____。
   A. 移民　　　B. 移动　　　C. 带动　　　D. 摆动

2. 兄妹三人共同继承了这份____。
   A. 遗产　　　B. 遗传　　　C. 流传　　　D. 宣传

3. 十年过去了，她____那么年轻。
   A. 显然　　　B. 竟然　　　C. 自然　　　D. 依然

4. 你不应该____我。
   A. 提问　　　B. 怀疑　　　C. 疑问　　　D. 问题

5. 坐飞机时，随身行李限制在5公斤____。
   A. 以下　　　B. 以上　　　C. 以内　　　D. 以来

第45单元　Unit 45

◎ **目标词语**　Target words

881. 引	882. 引导	883. 引进	884. 引起	885. 应
886. 英勇	887. 营业	888. 赢得	889. 影子	890. 勇敢
891. 勇气	892. 用途	893. 优良	894. 优美	895. 优秀
896. 邮局	897. 有劲儿	898. 有趣	899. 有限	900. 幼儿园

◎ **速记**　Quick memory

881　引　　yǐn　　v.　　cite; lead, guide; lure, attract; cause, make

这篇文章引了很多别人的观点。
还好有你引路，否则我们可找不到。
可以试试用纸引火。
一句话引得大家都笑了起来。

882　引导　　yǐndǎo　　v.　　guide, direct

老师引导我们做了前五道题。
孩子的健康成长离不开父母的正确引导。

883　引进　　yǐnjìn　　v.　　introduce from somewhere, recommend; import

引进人才
学校计划引进三名数学老师。
这家公司刚刚引进了一套先进设备。

884　引起　　yǐnqǐ　　v.　　cause, lead to, result in

这样做容易引起误会。
有些病是由不健康的生活习惯引起的。

885　应　　yīng　　v.　　should

你不应答应他的请求。
你应尽快去医院检查身体。

886　英勇　　yīngyǒng　　adj.　　heroic

士兵们表现得非常英勇。
她英勇地面对敌人，什么也不怕。

887　营业　　yíngyè　　v.　　open for business

很多商店在春节期间不营业。
这家商店在节假日也正常营业。

888　赢得　　yíngdé　　v.　　win, gain

北京队赢得了比赛的胜利。

他很快就赢得了大家的信任。

889 **影子** yǐngzi *n.* shadow

孩子像影子一样跟着妈妈。
路灯下，他的影子长长的。

890 **勇敢** yǒnggǎn *adj.* brave, courageous, gallant

他很勇敢，是一个英雄。
勇敢的人永远不怕困难。

891 **勇气** yǒngqì *n.* courage

既然你做出了选择，就要有承担后果的勇气。
你要鼓（gǔ, summon）起勇气，敢于举手回答老师的问题。

892 **用途** yòngtú *n.* use

玫瑰（méigui, rose）花不仅好看，还有很多用途。
这是一种用途很广泛（guǎngfàn, wide-ranging）的新材料。

893 **优良** yōuliáng *adj.* excellent, superb

节约是我们家的优良传统。
这家公司生产的产品质量优良。

894 **优美** yōuměi *adj.* beautiful

这里优美的风景吸引了无数游客。
这首歌的歌词（gēcí, lyric）很优美。

895 **优秀** yōuxiù *adj.* excellent, outstanding

张老师被选为优秀教师。
小明的各门课成绩都很优秀。

896 **邮局** yóujú *n.* post office

我要去邮局买新年纪念邮票。
学校里有邮局、银行和超市，生活很方便。

897 **有劲儿** yǒu//jìnr energetic

吃了饭我就有劲儿了。
他干得有劲儿是因为心中充满希望。

898 **有趣** yǒuqù *adj.* interesting, amusing

学校举行了很多有趣的活动。
这么有趣的节目，我还是第一次看到。

899 **有限** yǒuxiàn *adj.* limited

资源是有限的，应该合理利用。
时间有限，请你简单介绍一下儿自己。

900 幼儿园　yòu'éryuán　*n.*　kindergarten, nursery school

这家<u>幼儿园</u>正在举行活动。
王老师今天要去<u>幼儿园</u>给孩子们上课。

◎ 速练　Quick practice

一、先根据词语写拼音，再将词语和正确的英文释义连起来
Write Pinyin according to the words, and then match the words with the correct English definitions.

1. 引进 _____　　A. shadow
2. 英勇 _____　　B. kindergarten, nursery school
3. 影子 _____　　C. heroic
4. 优美 _____　　D. limited
5. 勇敢 _____　　E. post office
6. 幼儿园 _____　F. introduce from somewhere, recommend; import
7. 有限 _____　　G. beautiful
8. 邮局 _____　　H. brave, courageous, gallant

二、选择合适的词语填空　Choose the right words and fill in the blanks.

（一）　A. 引　　B. 英勇　　C. 勇气　　D. 邮局　　E. 引导

1. 他的 ____ 表现让人印象深刻。
2. ____ 在图书馆的东边。
3. 在老师的 ____ 下，我们理解了这篇文章的意思。
4. 我没有 ____ 告诉妈妈这个消息。
5. 地上的米 ____ 来了很多小鸟。

（二）　A. 营业　　B. 用途　　C. 有劲儿　　D. 引进　　E. 赢得

1. 他们的表演 ____ 了观众的掌声（zhǎngshēng, applause）。
2. 忙了一天，你还 ____ 做饭吗？
3. 你知道这种植物的 ____ 吗？
4. 节假日期间，这家商店依然 ____。
5. 这家公司 ____ 了不少人才。

（三）　　A.优良　　B.有趣　　C.引起　　D.影子　　E.优美

1. 张老师给我们讲了一个____的故事。

2. 小明这种乐于助人的____品质值得我们大家学习。

3. 姐姐的舞蹈（wǔdǎo, dance）动作很____。

4. 今天的活动____了大家对中国文化的兴趣。

5. 水中有月亮的____。

（四）　　A.有限　　B.应　　C.勇敢　　D.优秀　　E.幼儿园

1. 张老师每天早上送孩子去____。

2. 这是一个友好的民族，也是一个____的民族。

3. 小明给大家介绍了很多____的中国电影。

4. 我的精力____，不可能一边工作一边学习。

5. 父母____支持孩子的兴趣爱好。

三、选择合适的词语完成句子　Choose the right words to complete the sentences.

1. 小学生的学习离不开老师的____。

　　A.引　　　　B.引导　　　　C.引进　　　　D.引起

2. 我没有____把事情的真相（zhēnxiàng, truth）告诉他。

　　A.英勇　　　B.勇敢　　　　C.勇气　　　　D.力气

3. 希望这本书对你____。

　　A.有趣　　　B.有劲儿　　　C.有意思　　　D.有用

4. 这家超市周末几点开始____？

　　A.营业　　　B.行业　　　　C.专业　　　　D.开业

5. 现在的手机有多种____。

　　A.有用　　　B.作用　　　　C.用途　　　　D.实用

第46单元　Unit 46

◎ **目标词语**　Target words

901. 于是	902. 语法	903. 语音	904. 玉	905. 玉米
906. 预测	907. 预订	908. 遇	909. 遇到	910. 遇见
911. 原料	912. 原则	913. 圆	914. 圆满	915. 约会
916. 月底	917. 阅读	918. 运动会	919. 运动员	920. 运气

◎ **速记**　Quick memory

901　**于是**　yúshì　*conj.*　whereupon, hence

早上起晚了，于是我只能饿着肚子去学校。
他好像没听懂，于是我把问题又重复了一遍。

902　**语法**　yǔfǎ　*n.*　grammar

老师每天都给我们做语法练习。
对我来说，语法不难，汉字有点儿难。

903　**语音**　yǔyīn　*n.*　voice, speech sound, pronunciation

现在的手机都有语音输入功能。
这是语音教室，同学们在这儿上听力课。

904　**玉**　yù　*n.*　jade

很多中国人喜欢玉，有的人还专门研究玉。
这些首饰（shǒu·shì, jewelry）都是用玉做的。

905　**玉米**　yùmǐ　*n.*　corn

人们用玉米做成各种食物。
玉米又好吃又健康，很受人们欢迎。

906　**预测**　yùcè　*v.*　forecast, predict

天气是可以预测的。
根据市场预测，今年夏天会流行长裙。

907　**预订**　yùdìng　*v.*　book, reserve

我已经在这家酒店预订好了房间。
请帮我预订一张明天飞上海的机票。

908　**遇**　yù　*v.*　meet, encounter

我在公交车站遇上了他。
这么好的机会，我怎么遇不着？

909 **遇到** yùdào meet, come across

每个人在生活中都会遇到困难。
哥哥在旅行中遇到了很多有意思的人。

910 **遇见** yùjiàn *v.* meet, come across

希望今天能在这儿遇见明星。
我在回家的路上遇见了一个老同学。

911 **原料** yuánliào *n.* raw material

这些是制造纸的原料。
原料不多了，工厂很快就会停工。

912 **原则** yuánzé *n.* principle, tenet

做人要有自己的原则。
哥哥是一个坚持原则的人。

913 **圆** yuán

（1）*adj.* round
这条船的船头是圆的，船身是方的。
古代中国人曾认为天是圆的，地是方的。
（2）*n.* circle
这个圆你画得太完美了。
老师在黑板上画了一个圆。

914 **圆满** yuánmǎn *adj.* satisfactory, perfect

本次运动会圆满结束。
希望这件事能有一个圆满的结果。

915 **约会** yuē·huì

（1）*v.* date
和……约会
他们俩正在约会。
你今晚和谁约会？
（2）*n.* appointment
我不得不取消这次约会。
她为晚上的约会准备了一下午。

916 **月底** yuèdǐ *n.* end of a month

一到月底，他就没钱。
这个工作要在月底完成。

917 **阅读** yuèdú *v.* read

小明阅读得很仔细。
他阅读过很多文学作品。

918 **运动会** yùndònghuì *n.* sports meet, game

每年秋天，学校都会举行运动会。

这次的大学生运动会有2000多人参加。

919　运动员　　yùndòngyuán　　n.　　athlete, sportsman

欢迎来自全世界的运动员！
她是一名优秀的游泳运动员。

920　运气　　yùnqi　　n.　　luck, fortune

每个人都希望自己有好运气。
这次是你运气不好，下次一定能赢。

◎ **速练**　Quick practice

一、先根据词语写拼音，再将词语和正确的英文释义连起来
Write Pinyin according to the words, and then match the words with the correct English definitions.

1. 玉 _____　　A. round; circle

2. 圆满 _____　　B. corn

3. 语音 _____　　C. athlete, sportsman

4. 圆 _____　　D. end of a month

5. 玉米 _____　　E. jade

6. 运动员 _____　　F. voice, speech sound, pronunciation

7. 月底 _____　　G. luck, fortune

8. 运气 _____　　H. satisfactory, perfect

二、选择合适的词语填空　Choose the right words and fill in the blanks.

（一）　A. 于是　　B. 玉米　　C. 遇到　　D. 圆　　E. 语法

1. 今晚的月亮又 ____ 又大。

2. 你的句子没有 ____ 问题。

3. 这种 ____ 很甜，很受大家的欢迎。

4. 妈妈很喜欢这件衣服，____ 就买下来了。

5. 不论 ____ 什么困难，我们都要坚持下去。

（二）　A. 预测　　B. 遇见　　C. 圆满　　D. 语音　　E. 预订

1. 这个网站提供航班 ____ 服务。

2. 我刚刚收到了一条 ____ 消息。

3. 大家都在 ____ 女足比赛的结果。

4. 祝贺大家____完成这次任务!

5. 旅行中,你会____很多有意思的人。

(三)　　A.原料　　　B.约会　　　C.玉　　　D.遇　　　E.原则

1. 因为工作原因,小明不得不推迟____的时间。

2. 我在公交车站____上了他。

3. 这些都是制作奶茶的____。

4. 李老师是一个讲____的人。

5. 我很喜欢妈妈送的这块____。

(四)　　A.月底　　　B.运动会　　　C.运气　　　D.运动员　　　E.阅读

1. 这本书我已经____过了。

2. 她是一名优秀的游泳____。

3. 哥哥想参加全国____。

4. 马上就到____了,你还有钱吗?

5. 祝你今年有好____!

三、选择合适的词语完成句子　Choose the right words to complete the sentences.

1. 小明抓住了这次出国培训的宝贵____。

　　A.待遇　　　　B.遇到　　　　C.遇见　　　　D.机遇

2. 公司已经为大家____了今晚的演出票。

　　A.预测　　　　B.检测　　　　C.预订　　　　D.测试

3. 这位作家用在农村搜集(sōují, collect)到的____写了一本小说。

　　A.材料　　　　B.原料　　　　C.塑料　　　　D.燃料

4. 蓝队违反(wéifǎn, violate)了比赛____,被取消了成绩。

　　A.原则　　　　B.规则　　　　C.规律　　　　D.规定

5. 这次____一共有三十名同学参加。

　　A.约会　　　　B.节约　　　　C.聚会　　　　D.机会

第47单元　Unit 47

◎ **目标词语**　Target words

921. 运用	922. 再三	923. 在乎	924. 在于	925. 赞成
926. 赞赏	927. 赞助	928. 造型	929. 战斗	930. 战胜
931. 战士	932. 战争	933. 丈夫	934. 招呼	935. 着
936. 着火	937. 着急	938. 召开	939. 折	940. 针

◎ **速记**　Quick memory

921　运用　yùnyòng　*v.*　use

运用想象力
他能熟练地运用中文和中国人交流。
孩子们在画画儿时充分运用了想象力。

922　再三　zàisān　*adv.*　repeatedly, again and again

李老师再三强调明天的考试要带护照。
经过再三考虑，小明决定放弃这个机会。

923　在乎　zàihu　*v.*　care (about)

我不在乎别人的态度。
不管别人说什么，他都不在乎。

924　在于　zàiyú　*v.*　lie in

生命的意义在于奋斗。
旅行的乐趣有一半在于一起旅行的人。

925　赞成　zànchéng　*v.*　approve (of), agree

我赞成这篇文章的观点。
同学们都赞成小明的意见。

926　赞赏　zànshǎng　*v.*　admire, appreciate

这种做法值得赞赏。
他在比赛中的表现赢得了大家的赞赏。

927　赞助　zànzhù　*v.*　sponsor

很多大公司都赞助了本届亚运会。
只有接受赞助，才能拍完这部电影。

928　造型　zàoxíng　*n.*　shape, appearance

造型简单
我喜欢这个杯子的造型。
这些玩具虽然造型简单，但十分有趣。

929 **战斗** zhàndòu

（1）v.　fight, battle, combat
张老师总是战斗在实验室里。
他一直战斗到生命的最后一刻。
（2）n.　fight (in general)
战斗已经开始了！
这场战斗非常激烈。

930 **战胜** zhànshèng　v.　overcome, defeat

一定要有战胜困难的决心！
经过激烈的战斗，我们终于战胜了敌人。

931 **战士** zhànshì　n.　warrior, soldier

他是一名英勇的战士。
在战斗中，每个战士都面临着生死（shēngsǐ, life and death）的考验。

932 **战争** zhànzhēng　n.　war

希望这个世界不再有战争。
这场战争带来了严重的后果。

933 **丈夫** zhàngfu　n.　husband

丈夫应该和妻子一起做家务。
她和丈夫是在一次爬山中认识的。

934 **招呼** zhāohu　v.　tell; greet, call

需要帮忙就招呼我一声。
妈妈招呼我们过去。

935 **着** zháo　v.　burn, light; *used after a verb to indicate a goal has been achieved or a result has been achieved*

天黑了，街上的灯都着了。
她个子不高，够不着墙上的画儿。

936 **着火** zháo//huǒ　catch fire, be on fire

这家超市昨天晚上着火了。
楼上着火了，大家赶紧下楼。

937 **着急** zháo//jí　worry, feel anxious

你别着急，我们一定能找到办法。
有个孩子不见了，老师非常着急。

938 **召开** zhàokāi　v.　hold, convoke, convene

老板决定召开一次全体大会。
学校下周将召开秋季运动会。

939 **折** zhé　v.　break; turn back, change direction; fold

他从树上折了几朵花。

他刚出门就又折了回来，说忘了拿文件。
他把信折好，装进了口袋里。

940 针　　zhēn　　n.　injection; needle

小孩子都怕打针。
这儿怎么有一根针？

◎ **速练**　Quick practice

一、先根据词语写拼音，再将词语和正确的英文释义连起来
Write Pinyin according to the words, and then match the words with the correct English definitions.

1. 丈夫 _____　　A. catch fire, be on fire

2. 着急 _____　　B. tell; greet, call

3. 战士 _____　　C. break; turn back, change direction; fold

4. 着火 _____　　D. husband

5. 造型 _____　　E. injection; needle

6. 招呼 _____　　F. shape, appearance

7. 折 _____　　G. warrior, soldier

8. 针 _____　　H. worry, feel anxious

二、选择合适的词语填空　Choose the right words and fill in the blanks.

（一）　A. 运用　　B. 赞赏　　C. 战士　　D. 着火　　E. 再三

1. 小明的表现赢得了所有人的 ____。

2. 她是一名英勇的 ____。

3. 他能准确 ____ 所学知识回答问题。

4. 我 ____ 请求，妈妈才让我和朋友一起去旅行。

5. 他们不在家时，家里 ____ 了。

（二）　A. 赞助　　B. 战争　　C. 着急　　D. 在乎　　E. 造型

1. 我很喜欢你今天的 ____。

2. 我很 ____ 你这个朋友。

3. 希望世界上再也没有 ____。

4. 别 ____，我们一起想办法。

5. 这家公司 ____ 了很多音乐家举办音乐会。

（三）　　A. 丈夫　　　B. 召开　　　C. 在于　　　D. 战斗　　　E. 招呼

1. 我看见了一个老朋友，我去打个____。

2. 在与困难的____中，他得到了锻炼。

3. 她的____是一名科学家。

4. 这次全国大会将在上海____。

5. 考试的成绩怎么样____你的学习态度和学习方法。

（四）　　A. 折　　　B. 赞成　　　C. 战胜　　　D. 着　　　E. 针

1. 我还没找____那本书。

2. 我们一定能____这次的困难。

3. 这根____比那根更细。

4. 我完全____你的意见。

5. 这些椅子可以____起来。

三、选择合适的词语完成句子　Choose the right words to complete the sentences.

1. 我叫了你好几声，你怎么不____啊？
   A. 赞成　　　　B. 同意　　　　C. 反应　　　　D. 答应

2. 学校运动会是由校友会____的。
   A. 赞助　　　　B. 帮助　　　　C. 赞赏　　　　D. 赞成

3. 士兵们决心____到底，决不（jué bù, definitely not）认输！
   A. 战争　　　　B. 战斗　　　　C. 战胜　　　　D. 奋斗

4. 爱华____业余时间学习英语和法语。
   A. 运用　　　　B. 采用　　　　C. 利用　　　　D. 应用

5. 这次会议是临时____的。
   A. 召开　　　　B. 公开　　　　C. 解开　　　　D. 展开

第48单元　Unit 48

◎ **目标词语**　Target words

941. 针对	942. 阵	943. 争论	944. 征服	945. 征求
946. 政府	947. 政治	948. 之后	949. 之间	950. 之前
951. 之一	952. 支	953. 植物	954. 指挥	955. 制订
956. 质量	957. 治	958. 治疗	959. 智力	960. 智能

◎ **速记**　Quick memory

941　针对　zhēnduì　*v.*　be aimed at, be targeted on

针对这几个问题，大家进行了反复讨论。
针对不同顾客的需求，餐馆调整了菜单。

942　阵　zhèn　*m.*　a measure word for wind; a period of time

一阵风吹来，我觉得凉快多了。
之前他病了一阵儿，现在好了。

943　争论　zhēnglùn　*v.*　debate, argue

他们争论了一个晚上，还是没有任何结论。
这种争论没有意义，还是应该想想解决办法。

944　征服　zhēngfú　*v.*　conquer

年轻人总想征服世界。
他用出色的表现征服了在场的观众。

945　征求　zhēngqiú　*v.*　ask for, solicit

学校正在征求同学们的意见。
他征求了老师的意见，决定参加全国数学比赛。

946　政府　zhèngfǔ　*n.*　government

政府一定会想办法解决交通问题。
市政府对居民提出的问题都进行了回复。

947　政治　zhèngzhì　*n.*　politics

他是我们的政治老师。
这些大学生十分关心国际政治。

948　之后　zhīhòu　*n.*　time after a certain point

毕业之后，我们再也没见过。
生病之后，她一直在家休息。

949 **之间** zhījiān n. space between/among things/people

他家在这两个地铁站之间。
你这么做会伤害你们之间的感情。

950 **之前** zhīqián n. time before a certain point

春节之前，我都要加班。
哥哥在天黑之前回了家。

951 **之一** zhīyī n. one out of a multitude

小明是我的好朋友之一。
黄河是中国最有名的大河之一。

952 **支** zhī v. prop up, prick up

想问题的时候，他喜欢用手支着头。
爸爸妈妈说话，你在那儿支着耳朵听什么？

953 **植物** zhíwù n. plant

植物生长需要阳光、空气和水。
植物园里有很多我不认识的植物。

954 **指挥** zhǐhuī

（1）v. command
这次比赛由张教练统一指挥。
在他的指挥下，我们很快就搬好了家。
（2）n. commander
他是这个项目的总指挥。

955 **制订** zhìdìng v. formulate, draw up, make

这是大家共同制订出来的方案。
公司正在制订未来三年的发展计划。

956 **质量** zhìliàng n. quality

朋友的质量比数量更重要。
这家公司十分重视产品的质量。

957 **治** zhì v. cure

这种药能治好他的病吗？
我的病就是在王医生那儿治好的，他的技术好极了。

958 **治疗** zhìliáo v. treat (a disease), cure

他正在医院接受治疗。
经过治疗，他的病很快就好了。

959 **智力** zhìlì n. intelligence, mentality, brains

这个游戏可以提高孩子的智力。
这个孩子的智力超过了平均水平。

960 **智能** zhìnéng   *n.*   intelligence

这是一台<u>智能</u>洗衣机。
现在有很多餐馆都由<u>智能</u>机器人提供服务。

◎ **速练**　Quick practice

一、先根据词语写拼音，再将词语和正确的英文释义连起来
Write Pinyin according to the words, and then match the words with the correct English definitions.

1. 政府 _____　　A. politics
2. 植物 _____　　B. ask for, solicit
3. 之一 _____　　C. prop up, prick up
4. 政治 _____　　D. government
5. 针对 _____　　E. intelligence, mentality, brains
6. 征求 _____　　F. plant
7. 支 _____　　G. one out of a multitude
8. 智力 _____　　H. be aimed at, be targeted on

二、选择合适的词语填空　Choose the right words and fill in the blanks.

（一）　A. 针对　　B. 阵　　C. 征服　　D. 政治　　E. 之前

1. 那位歌手的歌声 ____ 了大家。
2. 上车 ____，他买了很多水和吃的。
3. ____ 学生们提出的问题，学校进行了热烈的讨论。
4. 等这 ____ 雨停了，我们就出发。
5. 她对 ____ 一点儿兴趣都没有。

（二）　A. 争论　　B. 植物　　C. 之一　　D. 政府　　E. 之间

1. 市 ____ 决定再修三条地铁。
2. 我们 ____ 互相信任，互相依靠。
3. 缺水会影响 ____ 生长。
4. 这里的工资待遇是我留下来的原因 ____。
5. 同学们为去哪儿玩儿 ____ 了很久。

（三）　　A. 支　　　B. 之后　　C. 制订　　D. 治　　E. 征求

1. 父母做决定前应该 ____ 孩子的意见。

2. 听说这种药能 ____ 好妈妈的头疼病。

3. 老板在院子里 ____ 起了一把大大的太阳伞。

4. 放学 ____，我们一起踢足球吧。

5. 根据我 ____ 的方案，完成这项工作需要一个月。

（四）　　A. 智能　　B. 治疗　　C. 质量　　D. 指挥　　E. 智力

1. 这双鞋很漂亮，但是 ____ 不行。

2. 这场音乐会将由他来 ____。

3. 学数学能开发孩子的 ____。

4. 我打算带妈妈去北京 ____。

5. 很多老人不会用 ____ 手机。

三、选择合适的词语完成句子　Choose the right words to complete the sentences.

1. 他们俩激烈地 ____ 着，谁也说服不了谁。

　　A. 战争　　　　B. 争论　　　　C. 结论　　　　D. 议论

2. 这台机器的很多 ____ 我还不会用。

　　A. 智能　　　　B. 智力　　　　C. 功能　　　　D. 精力

3. 前面堵车了，交警正在 ____ 交通。

　　A. 指挥　　　　B. 指出　　　　C. 指导　　　　D. 领导

4. 这种食品糖的 ____ 太高了。

　　A. 力量　　　　B. 数量　　　　C. 质量　　　　D. 含量

5. 大海总有一天会被人类 ____。

　　A. 征求　　　　B. 需求　　　　C. 征服　　　　D. 克服

第49单元　Unit 49

◎ **目标词语**　Target words

961. 中介	962. 种类	963. 中奖	964. 种	965. 种植
966. 重量	967. 逐步	968. 逐渐	969. 主题	970. 主席
971. 祝福	972. 著名	973. 著作	974. 抓紧	975. 专心
976. 转动	977. 转告	978. 转身	979. 转弯	980. 转移

◎ **速记**　Quick memory

961　中介　zhōngjiè　*n.*　agent, agency

如果你想租房子，可以找中介帮忙。
这儿有一家中介公司，我们可以进去问问有没有合适的房子。

962　种类　zhǒnglèi　*n.*　kind, type

这里的商品种类非常丰富。
孩子应该多阅读不同种类的书。

963　中奖　zhòng//jiǎng　win a prize (in a lottery, etc.)

中奖以后她的生活完全改变了。
恭喜（gōngxǐ, congratulations），你中奖了！奖品是一台电脑。

964　种　zhòng　*v.*　plant

现在是种西瓜的季节。
如果你不想种地，就好好读书。

965　种植　zhòngzhí　*v.*　plant, grow, cultivate

这里气候寒冷，不适合种植苹果树。
由于调整了种植结构，今年农民的收入超过了去年。

966　重量　zhòngliàng　*n.*　weight

这两个箱子的重量不一样。
我想称一下儿这些水果的重量。

967　逐步　zhúbù　*adv.*　step by step, gradually

他的中文成绩正逐步提高。
这些工作是逐步完成的，你不要着急。

968　逐渐　zhújiàn　*adv.*　gradually, little by little, by degrees

小明逐渐适应了这里的气候。
过了春节，天气逐渐暖和起来了。

| 969 | **主题** | zhǔtí | *n.* | theme, subject |

今天会议的<u>主题</u>是什么？
这个故事的<u>主题</u>很吸引人。

| 970 | **主席** | zhǔxí | *n.* | chairman, chairperson |

这次会议会选举（xuǎnjǔ, elect）产生新的学生会<u>主席</u>。
这次活动由工会（gōnghuì, labor union）<u>主席</u>统一安排。

| 971 | **祝福** | zhùfú | *v.* | wish (happiness to) |

<u>祝福</u>你们身体健康，天天开心！
所有<u>祝福</u>他的人，他都表示了感谢。

| 972 | **著名** | zhùmíng | *adj.* | famous, celebrated, renowned, well-known |

爷爷是<u>著名</u>的画家。
这就是<u>著名</u>的万里长城。

| 973 | **著作** | zhùzuò | *n.* | work |

一部<u>著作</u>
这些<u>著作</u>值得好好阅读。
为了完成这部<u>著作</u>，他花了三年时间。

| 974 | **抓紧** | zhuā//jǐn | | lose no time in doing (sth.), pay close attention to (sth.) |

你要<u>抓紧</u>时间办完这件事。
快考试了，同学们正<u>抓紧</u>时间复习。

| 975 | **专心** | zhuānxīn | *adj.* | concentrative, attentive |

小明上课时<u>专心</u>听讲。
爸爸正在<u>专心</u>工作，你别打扰（dǎrǎo, disturb）他。

| 976 | **转动** | zhuǎndòng | *v.* | turn, rotate |

她对着镜子<u>转动</u>身体。
我的头突然不能向左<u>转动</u>了。

| 977 | **转告** | zhuǎngào | *v.* | pass on a message |

请你<u>转告</u>他，明天一定要来上课。
我一定会把你的意见<u>转告</u>给公司。

| 978 | **转身** | zhuǎn//shēn | | (of sb.) turn (round) |

说了"再见"，他就<u>转身</u>上车了。
孩子们看到我们过去，<u>转身</u>就跑了。

| 979 | **转弯** | zhuǎn//wān | | turn (a corner), make a turn |

<u>转弯</u>的时候要慢点儿开。
一直开，别<u>转弯</u>，前面就到了。

| 980 | **转移** | zhuǎnyí | *v.* | transfer, shift |

大雨正在向东南方向<u>转移</u>。
爸爸用玩具<u>转移</u>了孩子的注意力。

◎ 速练　Quick practice

一、先根据词语写拼音，再将词语和正确的英文释义连起来
Write Pinyin according to the words, and then match the words with the correct English definitions.

1. 逐步 ＿＿＿＿＿＿　　　A. turn (a corner), make a turn

2. 中介 ＿＿＿＿＿＿　　　B. famous, celebrated, renowned, well-known

3. 祝福 ＿＿＿＿＿＿　　　C. agent, agency

4. 中奖 ＿＿＿＿＿＿　　　D. step by step, gradually

5. 著名 ＿＿＿＿＿＿　　　E. chairman, chairperson

6. 转弯 ＿＿＿＿＿＿　　　F. wish (happiness to)

7. 种植 ＿＿＿＿＿＿　　　G. win a prize (in a lottery, etc.)

8. 主席 ＿＿＿＿＿＿　　　H. plant, grow, cultivate

二、选择合适的词语填空　Choose the right words and fill in the blanks.

（一）　A. 中介　　B. 重量　　C. 祝福　　D. 转动　　E. 种类

1. 那台电扇（shàn, fan）开始 ＿＿ 了。

2. 超市里各种商品的 ＿＿ 非常丰富。

3. 我是通过 ＿＿ 租的房子。

4. 这张桌子承受不了千斤的 ＿＿。

5. 请接受我对你们的 ＿＿。

（二）　A. 逐步　　B. 著名　　C. 转告　　D. 中奖　　E. 转身

1. 小明昨天买了一瓶可乐，竟然 ＿＿ 了。

2. 班长已经把你们的意见都 ＿＿ 给我了。

3. 中国城市和农村的差距（chājù, disparity）正在 ＿＿ 缩小。

4. 李白是中国古代的 ＿＿ 诗人。

5. 我 ＿＿ 时不小心撞到了他。

（三）　A. 著作　　B. 逐渐　　C. 种　　D. 主题　　E. 抓紧

1. 爷爷喜欢在院子里 ＿＿ 花。

2. 这些都是戴老师的 ＿＿，你看过哪一本？

3. 请大家 ＿＿ 时间，商场马上就要关门了。

4. 天 ____ 亮了，街上的人也多起来了。

5. 他家附近有一个电影 ____ 公园。

（四）　　A. 转弯　　　B. 种植　　　C. 主席　　　D. 专心　　　E. 转移

1. 你别 ____ 话题，这个问题我们还没说清楚呢。

2. 请 ____ 听老师说，不要玩儿手机。

3. 汽车马上要向左 ____，请大家坐好。

4. 这里的农民都靠 ____ 西瓜为生。

5. 他当上了校体育协会（xiéhuì，association）的 ____。

三、选择合适的词语完成句子　Choose the right words to complete the sentences.

1. 这篇文章的 ____ 思想很明确。
　　A. 中介　　　　B. 中部　　　　C. 当中　　　　D. 中心

2. 个人的 ____ 是有限的，所以大家应该团结起来。
　　A. 力量　　　　B. 质量　　　　C. 重量　　　　D. 数量

3. 小明阅读了很多不同 ____ 的书。
　　A. 多种　　　　B. 各种　　　　C. 类似　　　　D. 类型

4. 他想办法 ____ 了自己的财产。
　　A. 转弯　　　　B. 转移　　　　C. 移动　　　　D. 推动

5. 我 ____ 改掉喝酒的毛病。
　　A. 专心　　　　B. 担心　　　　C. 决心　　　　D. 放心

第 50 单元　Unit 50

◎ **目标词语**　Target words

981. 装修	982. 装置	983. 追求	984. 准时	985. 资料
986. 资源	987. 自	988. 自信	989. 字母	990. 综合
991. 总共	992. 总理	993. 总统	994. 总之	995. 阻止
996. 嘴巴	997. 最初	998. 作出	999. 作为	1000. 做梦

◎ **速记**　Quick memory

981　装修　zhuāngxiū　*v.*　decorate (a house, etc.)

小明家装修得很漂亮。
工人们从明天开始装修这套房子。

982　装置　zhuāngzhì

（1）*v.*　install
降温设备已经装置好了。
会议室装置了新的电脑。
（2）*n.*　device, installation, equipment
公司买了一批新的自动化装置。
这个装置的操作方法非常简单。

983　追求　zhuīqiú　*v.*　seek, pursue

爸爸在工作中追求做到最好。
工厂不能只追求数量，不追求质量。

984　准时　zhǔnshí　*adj.*　punctual

小明每天早上6点准时起床。
因为天气原因，我坐的航班不能准时起飞。

985　资料　zīliào　*n.*　data, material

为了写文章，他查了很多资料。
这套资料比较完整，很有参考价值。

986　资源　zīyuán　*n.*　resource

这里的水资源很丰富。
我们要合理利用自然资源。

987　自　zì　*prep.*　from, since

小明自小就爱唱歌。
这个规定自9月1日起开始实行。

988 **自信** zìxìn v. be self-confident, believe in oneself

他是一个非常自信的人。
自信一点儿，你一定能成功。

989 **字母** zìmǔ n. letters of an alphabet, letter

英文有26个字母。
这个单词的第一个字母要大写。

990 **综合** zōnghé v. synthesize

京剧综合了多种艺术表演形式。
学校会综合大家的意见制订新的教学计划。

991 **总共** zǒnggòng adv. in all, altogether

我今天总共写了600个字。
这个学校总共有530名学生。

992 **总理** zǒnglǐ n. premier, prime minister

总理来看望大家了。
这个国家的总理才45岁，非常年轻。

993 **总统** zǒngtǒng n. president (of a republic)

他已经当了两年总统了。
她是这个国家历史上的第一位女总统。

994 **总之** zǒngzhī conj. in a word, in short, in brief

总之，一切都进行得很顺利。
有人喜欢运动，有人喜欢唱歌，有人喜欢画画儿，总之，每个人都有自己的爱好。

995 **阻止** zǔzhǐ v. stop, prevent, hold back

张经理及时阻止了他的行为。
父母应该培养孩子的各种爱好，而不是阻止他们。

996 **嘴巴** zuǐba n. mouth

管好你的嘴巴，不要乱说。
听到这个消息，他张大了嘴巴。

997 **最初** zuìchū n. the very beginning, the first

最初的几个月，他很不适应在中国的生活。
虽然有很多困难，但是他没有改变最初的理想。

998 **作出** zuòchū make (a decision, etc.)

请您对刚才说的话作出解释。
经过集体讨论，公司作出了科学判断。

999 **作为** zuòwéi

（1）prep. as
作为你的朋友，我会无条件支持你。

作为老师，我们有责任帮助学生解决困难。
（2）v.　regard as
我把游泳作为锻炼身体的方法。
中国人把筷子作为吃饭的工具，而西方人习惯用刀叉（chā, fork）。

1000 **做梦**　zuò//mèng　　have a dream, dream

我每天晚上睡觉都会做梦。
祝你今晚做个美梦。

◎ **速练**　Quick practice

一、先根据词语写拼音，再将词语和正确的英文释义连起来
Write Pinyin according to the words, and then match the words with the correct English definitions.

1. 追求 _____　　A. install; device, installation, equipment

2. 总共 _____　　B. have a dream, dream

3. 准时 _____　　C. in all, altogether

4. 装置 _____　　D. letters of an alphabet, letter

5. 总统 _____　　E. synthesize

6. 字母 _____　　F. punctual

7. 做梦 _____　　G. seek, pursue

8. 综合 _____　　H. president (of a republic)

二、选择合适的词语填空　Choose the right words and fill in the blanks.

（一）　A. 装修　　B. 资源　　C. 总共　　D. 嘴巴　　E. 装置

1. 人们应该爱护环境，节约水 ____。

2. 这套房子下个月就可以 ____ 完。

3. 鲸鱼（jīngyú, whale）的 ____ 很大。

4. 我没用过这个 ____，要看一下儿说明书。

5. 过年期间，小明 ____ 收到了 2000 块钱的红包。

（二）　A. 自　　B. 总理　　C. 最初　　D. 自信　　E. 追求

1. 这家工厂 ____ 只有十几个工人，现在已经发展成上千人的大企业了。

2. 每个人都有 ____ 梦想的权利。

3. 想做成一件事，首先必须 ____。

4. 小明 ____ 小就爱运动，身体一直很好。

5. 该国 ____ 已经结束对中国的访问，回国了。

（三） A. 总统　　B. 作出　　C. 准时　　D. 字母　　E. 总之

1. 上午8点，期中考试 ____ 开始。

2. 英文一共有26个 ____ 。

3. 她不想去看电影，也不想去逛街。____ ，她不想出门。

4. 他想成为这个国家的 ____ 。

5. 不管你 ____ 什么样的决定，我都会支持你。

（四） A. 作为　　B. 资料　　C. 综合　　D. 阻止　　E. 做梦

1. 这些 ____ 是从哪儿找的？

2. 你别 ____ 了！还是好好努力吧。

3. 他想做的事，谁都不能 ____ 。

4. ____ 老师，我希望大家都能考上理想的大学。

5. 这套书 ____ 了很多有用的知识，很有价值。

三、选择合适的词语完成句子　Choose the right words to complete the sentences.

1. 他们打算重新 ____ 一下儿老房子。
　　A. 安装　　　B. 安排　　　C. 装置　　　D. 装修

2. 厂里又投入了一笔 ____ 。
　　A. 资料　　　B. 资源　　　C. 资金　　　D. 资格

3. 同学们都 ____ 遵守考试纪律。
　　A. 自主　　　B. 自觉　　　C. 自信　　　D. 自动

4. ____ 新老师，我的教学经验还不足。
　　A. 作出　　　B. 列为　　　C. 分为　　　D. 作为

5. 这块大石头 ____ 了汽车继续前进。
　　A. 阻止　　　B. 防止　　　C. 停止　　　D. 禁止

语法术语缩略形式一览表
Abbreviations for Grammar Terms

缩略形式 Abbreviations	英文名称 Grammar Terms in English	中文名称 Grammar Terms in Chinese
adj.	Adjective	形容词
adv.	Adverb	副词
conj.	Conjunction	连词
int.	Interjection	叹词
m.	Measure Word	量词
n.	Noun	名词
nu.	Numeral	数词
ono.	Onomatopoeia	拟声词
pref.	Prefix	前缀
prep.	Preposition	介词
pron.	Pronoun	代词
pt.	Particle	助词
suf.	Suffix	后缀
v.	Verb	动词

四级词汇检索表
Index of Vocabulary Level 4

序号 No.	词语 Vocabulary	页码 Page	序号 No.	词语 Vocabulary	页码 Page	序号 No.	词语 Vocabulary	页码 Page
1	阿姨	1	24	宝宝	5	47	冰	10
2	啊	1	25	宝贝	5	48	冰箱	10
3	矮	1	26	宝贵	5	49	冰雪	10
4	矮小	1	27	宝石	5	50	兵	10
5	爱国	1	28	保密	5	51	并	10
6	爱护	1	29	保守	6	52	不要紧	10
7	安	1	30	抱	6	53	不在乎	10
8	安置	2	31	背景	6	54	不管	10
9	按时	2	32	倍	6	55	不然	10
10	暗	2	33	被迫	6	56	布置	10
11	暗示	2	34	本科	6	57	步行	11
12	巴士	2	35	笨	6	58	擦	11
13	百货	2	36	比分	6	59	才	11
14	摆	2	37	毕业	6	60	材料	11
15	摆动	2	38	毕业生	6	61	财产	13
16	摆脱	2	39	避	7	62	财富	13
17	败	3	40	避免	7	63	采访	13
18	办事	3	41	编	9	64	参考	13
19	包裹	3	42	辩论	9	65	参与	13
20	包含	3	43	标志	9	66	操场	13
21	包括	5	44	表情	9	67	操作	13
22	薄	5	45	表扬	9	68	测	14
23	宝	5	46	别	10	69	测量	14

序号 No.	词语 Vocabulary	页码 Page	序号 No.	词语 Vocabulary	页码 Page	序号 No.	词语 Vocabulary	页码 Page
70	测试	14	101	充电器	21	132	促销	26
71	曾	14	102	充分	21	133	措施	26
72	茶叶	14	103	虫子	21	134	打	26
73	产品	14	104	抽	21	135	答案	26
74	长途	14	105	抽奖	21	136	打败	26
75	常识	14	106	抽烟	21	137	打雷	27
76	唱片	14	107	出口	21	138	打扫	27
77	抄	14	108	出色	22	139	打折	27
78	抄写	15	109	出售	22	140	打针	27
79	潮	15	110	出席	22	141	大巴	29
80	潮流	15	111	处于	22	142	大多	29
81	潮湿	17	112	处	22	143	大方	29
82	彻底	17	113	穿上	22	144	大哥	29
83	沉	17	114	传统	22	145	大规模	29
84	沉默	17	115	窗户	22	146	大会	29
85	沉重	17	116	窗台	22	147	大姐	30
86	称赞	17	117	窗子	22	148	大楼	30
87	成人	18	118	春季	23	149	大陆	30
88	诚实	18	119	纯	23	150	大妈	30
89	诚信	18	120	纯净水	23	151	大型	30
90	承担	18	121	词汇	25	152	大爷	30
91	承认	18	122	此	25	153	大众	30
92	承受	18	123	此外	25	154	代替	30
93	程序	18	124	次	25	155	待遇	30
94	吃惊	18	125	刺	25	156	袋	30
95	迟到	18	126	刺激	25	157	戴	31
96	尺	18	127	从此	26	158	担保	31
97	尺寸	19	128	粗	26	159	担任	31
98	尺子	19	129	粗心	26	160	担心	31
99	冲	19	130	促进	26	161	单	34
100	充电	19	131	促使	26	162	单纯	34

序号 No.	词语 Vocabulary	页码 Page	序号 No.	词语 Vocabulary	页码 Page	序号 No.	词语 Vocabulary	页码 Page
163	单调	34	194	冬季	40	225	法院	48
164	单独	34	195	动画片	41	226	翻	48
165	淡	34	196	动摇	41	227	翻译	48
166	导游	35	197	豆腐	41	228	烦	49
167	导致	35	198	独立	41	229	反	49
168	倒闭	35	199	独特	41	230	反而	49
169	倒车（dǎo//chē）	35	200	独自	41	231	反映	49
170	倒车（dào//chē）	35	201	堵	44	232	方	49
171	得意	35	202	堵车	44	233	方案	49
172	得	35	203	肚子	44	234	方针	50
173	灯光	35	204	度过	44	235	放松	50
174	登	35	205	锻炼	44	236	非	50
175	登记	35	206	对比	44	237	肥	50
176	登录	36	207	对付	45	238	分布	50
177	登山	36	208	对于	45	239	分散	50
178	的确	36	209	多次	45	240	分手	50
179	敌人	36	210	多年	45	241	分为	53
180	底	36	211	多样	45	242	……分之……	53
181	地方	39	212	多种	45	243	纷纷	53
182	地面	39	213	恶心	45	244	奋斗	53
183	地位	39	214	儿童	45	245	风格	53
184	地下	39	215	而	45	246	风景	53
185	地址	39	216	而是	45	247	风俗	53
186	典型	39	217	耳机	46	248	封闭	54
187	点名	40	218	二手	46	249	否则	54
188	电灯	40	219	发挥	46	250	夫妇	54
189	电动车	40	220	发票	46	251	夫妻	54
190	电梯	40	221	发烧	48	252	夫人	54
191	电源	40	222	法	48	253	符号	54
192	顶	40	223	法官	48	254	符合	54
193	定	40	224	法律	48	255	付出	54

序号 No.	词语 Vocabulary	页码 Page	序号 No.	词语 Vocabulary	页码 Page	序号 No.	词语 Vocabulary	页码 Page
256	负担	54	287	怪	63	318	合同	70
257	附近	55	288	关	64	319	黑暗	70
258	复制	55	289	关闭	64	320	红包	70
259	改善	55	290	关于	64	321	后头	72
260	改正	55	291	官	64	322	厚	72
261	盖	58	292	官方	64	323	呼吸	72
262	概括	58	293	光临	64	324	忽视	72
263	感兴趣	58	294	光盘	64	325	户	72
264	高潮	58	295	逛	64	326	护士	72
265	高价	58	296	归	64	327	花	72
266	高尚	58	297	规律	65	328	划 (huá, v.)	72
267	高铁	58	298	规模	65	329	划 (huà, v.)	73
268	格外	59	299	规则	65	330	怀念	73
269	隔	59	300	果实	65	331	怀疑	73
270	隔开	59	301	过分	68	332	缓解	73
271	个别	59	302	海水	68	333	黄瓜	73
272	个体	59	303	海鲜	68	334	黄金	73
273	各个	59	304	含	68	335	回复	73
274	根	59	305	含量	68	336	汇	73
275	根据	59	306	含义	68	337	汇报	73
276	工程	60	307	含有	68	338	汇率	74
277	公元	60	308	寒假	69	339	婚礼	74
278	供应	60	309	寒冷	69	340	火	74
279	共	60	310	行业	69	341	伙	76
280	构成	60	311	航班	69	342	伙伴	76
281	构造	63	312	航空	69	343	或许	76
282	购买	63	313	毫米	69	344	货	76
283	购物	63	314	毫升	69	345	获	76
284	骨头	63	315	好友	69	346	获得	76
285	固定	63	316	号码	69	347	获奖	76
286	瓜	63	317	好	69	348	获取	76

序号 No.	词语 Vocabulary	页码 Page	序号 No.	词语 Vocabulary	页码 Page	序号 No.	词语 Vocabulary	页码 Page
349	几乎	77	380	减少	82	411	近代	90
350	机构	77	381	简历	84	412	禁止	90
351	机遇	77	382	健身	84	413	经典	90
352	积累	77	383	渐渐	84	414	精力	90
353	激动	77	384	江	84	415	竟然	90
354	激烈	77	385	讲究	84	416	镜头	91
355	及格	77	386	讲座	84	417	镜子	91
356	极	77	387	奖	85	418	究竟	91
357	极其	77	388	奖金	85	419	酒吧	91
358	即将	77	389	奖学金	85	420	居民	91
359	急忙	78	390	降	85	421	居住	93
360	集合	78	391	降低	85	422	局	93
361	记载	80	392	降价	85	423	巨大	93
362	纪律	80	393	降落	85	424	具备	93
363	技巧	80	394	降温	85	425	距离	93
364	系	80	395	交换	85	426	聚	93
365	季	80	396	交际	86	427	聚会	94
366	季度	80	397	教授	86	428	卷（juǎn, v.)	94
367	季节	80	398	教训	86	429	卷（juàn, m.)	94
368	既	80	399	阶段	86	430	角色	94
369	既然	81	400	街道	86	431	开花	94
370	寄	81	401	节省	89	432	开水	94
371	加班	81	402	结	89	433	看不起	94
372	加入	81	403	结构	89	434	看来	94
373	加油站	81	404	结论	89	435	看望	94
374	家务	81	405	姐妹	89	436	考察	94
375	假如	81	406	解释	89	437	考虑	95
376	坚固	81	407	尽快	90	438	棵	95
377	检测	81	408	紧密	90	439	可见	95
378	减	81	409	尽力	90	440	空间	95
379	减肥	82	410	进口	90	441	空	97

序号 No.	词语 Vocabulary	页码 Page	序号 No.	词语 Vocabulary	页码 Page	序号 No.	词语 Vocabulary	页码 Page
442	口袋	97	473	利息	102	504	没错	109
443	口语	97	474	利益	102	505	没法儿	109
444	苦	97	475	俩	102	506	没想到	109
445	会计	97	476	良好	102	507	美金	109
446	快递	97	477	量	102	508	美女	109
447	宽	98	478	粮食	102	509	梦	110
448	宽广	98	479	两边	102	510	梦见	110
449	矿泉水	98	480	疗养	103	511	梦想	110
450	扩大	98	481	了不起	105	512	秘密	110
451	扩展	98	482	了解	105	513	秘书	110
452	括号	98	483	列	105	514	密	110
453	垃圾	98	484	列车	105	515	密码	110
454	拉开	98	485	列入	105	516	密切	110
455	辣	98	486	列为	105	517	免费	111
456	来不及	98	487	临时	105	518	面临	111
457	来得及	98	488	零食	106	519	面试	111
458	来源	99	489	流传	106	520	描述	111
459	老公	99	490	楼梯	106	521	描写	113
460	老家	99	491	陆地	106	522	名牌儿	113
461	老婆	101	492	陆续	106	523	名片	113
462	老实	101	493	录取	106	524	名人	113
463	乐趣	101	494	律师	106	525	摸	113
464	泪	101	495	轮	106	526	模特儿	113
465	泪水	101	496	轮船	107	527	模型	113
466	类型	101	497	轮椅	107	528	末	113
467	冷静	101	498	轮子	107	529	默默	114
468	厘米	101	499	论文	107	530	哪怕	114
469	离不开	102	500	落	107	531	哪	114
470	力气	102	501	毛巾	109	532	男女	114
471	历史	102	502	毛衣	109	533	男士	114
472	立即	102	503	帽子	109	534	难免	114

序号 No.	词语 Vocabulary	页码 Page	序号 No.	词语 Vocabulary	页码 Page	序号 No.	词语 Vocabulary	页码 Page
535	脑袋	114	566	期待	121	597	然而	126
536	闹	114	567	期间	121	598	燃料	126
537	闹钟	114	568	期末	122	599	燃烧	127
538	内部	114	569	期限	122	600	热闹	127
539	内科	114	570	期中	122	601	热心	129
540	能干	115	571	其余	122	602	人家	129
541	宁静	117	572	企业	122	603	日记	129
542	浓	117	573	气球	122	604	日历	129
543	女士	117	574	汽水	122	605	如今	129
544	暖气	117	575	汽油	122	606	弱	129
545	拍照	117	576	器官	122	607	伞	129
546	排列	117	577	前头	122	608	散	129
547	牌	117	578	前途	122	609	扫	130
548	盘	117	579	浅	122	610	色	130
549	盘子	118	580	巧克力	123	611	色彩	130
550	胖子	118	581	切	125	612	森林	130
551	培训	118	582	亲爱	125	613	晒	130
552	培训班	118	583	亲密	125	614	闪	130
553	培养	118	584	青春	125	615	闪电	130
554	培育	118	585	轻松	125	616	善良	130
555	批[1] (v.)	118	586	轻易	125	617	善于	130
556	批[2] (m.)	118	587	清醒	125	618	伤害	130
557	片面	118	588	情景	126	619	商务	130
558	品质	118	589	穷	126	620	赏	131
559	平方	119	590	穷人	126	621	上个月	133
560	平静	119	591	秋季	126	622	上楼	133
561	平均	121	592	趋势	126	623	上门	133
562	平稳	121	593	圈	126	624	烧	133
563	迫切	121	594	权利	126	625	设施	133
564	破产	121	595	却	126	626	设置	133
565	妻子	121	596	确认	126	627	申请	133

序号 No.	词语 Vocabulary	页码 Page	序号 No.	词语 Vocabulary	页码 Page	序号 No.	词语 Vocabulary	页码 Page
628	身材	133	659	守	138	690	孙女	146
629	身份	134	660	首	139	691	孙子	146
630	身高	134	661	受不了	141	692	缩短	146
631	深厚	134	662	售货员	141	693	缩小	146
632	神话	134	663	叔叔	141	694	台阶	146
633	神秘	134	664	舒适	141	695	台上	146
634	甚至	134	665	熟练	141	696	躺	146
635	失败	134	666	暑假	141	697	套餐	146
636	失望	134	667	树林	141	698	特价	146
637	失业	134	668	树叶	141	699	特殊	146
638	诗	134	669	数据	142	700	特征	147
639	诗人	134	670	数码	142	701	提供	149
640	湿	135	671	刷	142	702	提醒	149
641	实施	137	672	刷牙	142	703	体操	149
642	实用	137	673	刷子	142	704	体检	149
643	食堂	137	674	帅	142	705	体重	149
644	使劲	137	675	帅哥	142	706	替	149
645	士兵	137	676	率先	142	707	替代	149
646	市区	137	677	睡着	142	708	天真	150
647	似的	137	678	顺序	142	709	填	150
648	事物	137	679	说不定	142	710	填空	150
649	事先	138	680	说服	143	711	挑 (tiāo, v.)	150
650	试卷	138	681	思考	145	712	挑选	150
651	是否	138	682	似乎	145	713	调皮	150
652	收回	138	683	松	145	714	挑 (tiǎo, v.)	150
653	收获	138	684	松树	145	715	挑战	150
654	收益	138	685	塑料	145	716	贴	150
655	手工	138	686	塑料袋	145	717	停下	150
656	手里	138	687	酸	145	718	挺	150
657	手术	138	688	酸奶	146	719	通知书	150
658	手套	138	689	随手	146	720	同情	151

序号 No.	词语 Vocabulary	页码 Page	序号 No.	词语 Vocabulary	页码 Page	序号 No.	词语 Vocabulary	页码 Page
721	童话	153	752	维护	158	783	细节	165
722	童年	153	753	维修	158	784	细致	165
723	统计	153	754	尾巴	158	785	下个月	165
724	统一	153	755	未必	158	786	下降	165
725	痛快	153	756	未来	158	787	下楼	165
726	投	153	757	位于	158	788	下载	166
727	投入	153	758	位置	158	789	夏季	166
728	投诉	154	759	味儿	159	790	鲜	166
729	投资	154	760	喂	159	791	鲜花	166
730	透	154	761	稳	161	792	鲜明	166
731	透明	154	762	稳定	161	793	咸	166
732	图案	154	763	问候	161	794	显著	166
733	途中	154	764	无	161	795	县	166
734	土地	154	765	无法	161	796	限制	166
735	推迟	154	766	无聊	161	797	相处	166
736	推销	154	767	无论	161	798	相反	167
737	脱	154	768	无数	161	799	箱	167
738	袜子	155	769	无所谓	162	800	箱子	167
739	外汇	155	770	无限	162	801	想念	169
740	外交官	155	771	五颜六色	162	802	想象	169
741	外套	157	772	误会	162	803	项	169
742	弯	157	773	西瓜	162	804	项目	169
743	晚点	157	774	吸	162	805	相片	169
744	万一	157	775	吸管	162	806	消化	169
745	王	157	776	吸收	162	807	销售	169
746	网络	157	777	吸烟	162	808	小吃	170
747	网址	158	778	吸引	162	809	小伙子	170
748	微笑	158	779	喜爱	162	810	小型	170
749	微信	158	780	系列	163	811	效率	170
750	围巾	158	781	系统	165	812	些	170
751	维持	158	782	细	165	813	心理	170

序号 No.	词语 Vocabulary	页码 Page	序号 No.	词语 Vocabulary	页码 Page	序号 No.	词语 Vocabulary	页码 Page
814	新郎	170	845	严格	177	876	以及	182
815	新娘	170	846	严重	177	877	以内	182
816	新鲜	170	847	研究	177	878	一般来说	183
817	新型	170	848	研究生	178	879	义务	183
818	兴奋	170	849	研制	178	880	议论	183
819	形容	171	850	盐	178	881	引	185
820	形势	171	851	眼镜	178	882	引导	185
821	型	173	852	眼泪	178	883	引进	185
822	型号	173	853	眼里	178	884	引起	185
823	醒	173	854	演讲	178	885	应	185
824	兴趣	173	855	阳台	178	886	英勇	185
825	性质	173	856	养成	178	887	营业	185
826	兄弟	173	857	腰	178	888	赢得	185
827	胸部	173	858	摇	178	889	影子	186
828	修理	173	859	药物	178	890	勇敢	186
829	选择	174	860	要	179	891	勇气	186
830	学分	174	861	业余	181	892	用途	186
831	学年	174	862	叶子	181	893	优良	186
832	学时	174	863	医疗	181	894	优美	186
833	学术	174	864	医学	181	895	优秀	186
834	学问	174	865	依靠	181	896	邮局	186
835	寻找	174	866	依然	181	897	有劲儿	186
836	迅速	174	867	一律	181	898	有趣	186
837	牙	174	868	一再	182	899	有限	186
838	牙刷	174	869	一致	182	900	幼儿园	187
839	亚运会	174	870	移	182	901	于是	189
840	呀	175	871	移动	182	902	语法	189
841	延长	177	872	移民	182	903	语音	189
842	延期	177	873	遗产	182	904	玉	189
843	延续	177	874	遗传	182	905	玉米	189
844	严	177	875	疑问	182	906	预测	189

序号 No.	词语 Vocabulary	页码 Page	序号 No.	词语 Vocabulary	页码 Page	序号 No.	词语 Vocabulary	页码 Page
907	预订	189	938	召开	194	969	主题	202
908	遇	189	939	折	194	970	主席	202
909	遇到	190	940	针	195	971	祝福	202
910	遇见	190	941	针对	197	972	著名	202
911	原料	190	942	阵	197	973	著作	202
912	原则	190	943	争论	197	974	抓紧	202
913	圆	190	944	征服	197	975	专心	202
914	圆满	190	945	征求	197	976	转动	202
915	约会	190	946	政府	197	977	转告	202
916	月底	190	947	政治	197	978	转身	202
917	阅读	190	948	之后	197	979	转弯	202
918	运动会	190	949	之间	198	980	转移	202
919	运动员	191	950	之前	198	981	装修	205
920	运气	191	951	之一	198	982	装置	205
921	运用	193	952	支	198	983	追求	205
922	再三	193	953	植物	198	984	准时	205
923	在乎	193	954	指挥	198	985	资料	205
924	在于	193	955	制订	198	986	资源	205
925	赞成	193	956	质量	198	987	自	205
926	赞赏	193	957	治	198	988	自信	206
927	赞助	193	958	治疗	198	989	字母	206
928	造型	193	959	智力	198	990	综合	206
929	战斗	194	960	智能	199	991	总共	206
930	战胜	194	961	中介	201	992	总理	206
931	战士	194	962	种类	201	993	总统	206
932	战争	194	963	中奖	201	994	总之	206
933	丈夫	194	964	种	201	995	阻止	206
934	招呼	194	965	种植	201	996	嘴巴	206
935	着	194	966	重量	201	997	最初	206
936	着火	194	967	逐步	201	998	作出	206
937	着急	194	968	逐渐	201	999	作为	206
						1000	做梦	207